高校图书馆新媒体
服务模式与创新研究

姚 丹 张 琴 著

汕頭大學出版社

图书在版编目（CIP）数据

高校图书馆新媒体服务模式与创新研究 / 姚丹，张琴著. -- 汕头：汕头大学出版社，2023.4
ISBN 978-7-5658-5002-8

Ⅰ．①高… Ⅱ．①姚… ②张… Ⅲ．①院校图书馆－图书馆服务－研究 Ⅳ．① G258.6

中国国家版本馆CIP数据核字（2023）第073825号

高校图书馆新媒体服务模式与创新研究
GAOXIAO TUSHUGUAN XINMEITI FUWU MOSHI YU CHUANGXIN YANJIU

| 作　　者：姚　丹　张　琴 |
| 责任编辑：陈　莹 |
| 责任技编：黄东生 |
| 封面设计：皓　月 |
| 出版发行：汕头大学出版社 |
| 　　　　　广东省汕头市大学路243号汕头大学校园内　邮政编码：515063 |
| 电　　话：0754-82904613 |
| 印　　刷：廊坊市海涛印刷有限公司 |
| 开　　本：710mm×1000 mm　1/16 |
| 印　　张：9.75 |
| 字　　数：180千字 |
| 版　　次：2023年4月第1版 |
| 印　　次：2023年6月第1次印刷 |
| 定　　价：68.00元 |
| ISBN 978-7-5658-5002-8 |

版权所有，翻版必究
如发现印装质量问题，请与承印厂联系退换

前 言
PREFACE

随着现代信息技术的快速发展，新观念、新技术、新形式层出不穷，为社会生活带来了重大变革。在现代信息网络技术的大环境中，图书馆亟需面对的问题就是如何对自身的发展路径与方向进行有效选择。这就需要图书馆对自身的管理与服务工作进行有效创新，以便更好地落实管理与服务工作，从而提升图书馆的吸引力，促进其更好地发展。

图书馆的发展情况是衡量某个国家或区域文明状况的重要标志。只有不断地进行创新，才能够提升图书馆工作的生机与活力，使图书馆的发展更加符合社会要求。创新是民族不断进步的灵魂，是促进国家快速发展的不竭动力，只有不断地进行创新，才能够获得持续发展。图书馆管理、服务工作的不断创新，是促进图书馆现代化发展的重要动力。需求可以有效推动发展，而读者需求是改变图书馆服务工作的重要导向。如何为读者提供满意的服务，尤其是根据读者的不同需求提供相应的个性服务，是图书馆需要重点解决的问题。特别是随着数字化时代的快速发展，读者可以从互联网上轻松地获取所需信息，这就更加需要图书馆工作人员对服务工作进行有效创新，依据读者的需求对图书馆的服务与资源进行适当调整，例如，提供数字讲堂、信息搜索、特殊人群服务等，以提升图书馆的吸引力。

本书从图书馆服务的基本概念出发，阐述了新媒体环境下的图书馆改革创新；探讨了新媒体环境下图书馆服务的管理与创新，还涉及了读者服务。旨在探索出一条适合当下新时期环境的图书馆管理与服务改革路径。

目 录
CONTENTS

第一章 新媒体环境下图书馆的服务管理 ·············· 001
    第一节 图书馆服务理念与服务管理 ·············· 001
    第二节 图书馆服务的原则 ·············· 031

第二章 新媒体环境下智慧图书馆建设与知识服务 ·············· 035
    第一节 智慧图书馆建设 ·············· 035
    第二节 知识服务分析研究 ·············· 050
    第三节 数字图书馆知识服务的特点 ·············· 055
    第四节 图书馆知识服务流程策略及实践 ·············· 061
    第五节 智慧图书馆背景下知识服务模式 ·············· 072

第三章 新媒体环境下图书馆移动服务模式的实现与提升 ·············· 083
    第一节 图书馆移动服务模式的设计 ·············· 083
    第二节 构建图书馆移动服务模式运行框架 ·············· 088
    第三节 图书馆移动服务的提升路径 ·············· 096

第四章 新媒体环境下图书馆数字化建设与管理 ·············· 100
    第一节 图书馆自动化系统的建设与管理 ·············· 100
    第二节 数字图书馆的建设与管理 ·············· 105
    第三节 图书馆特色数据库的建设与管理 ·············· 108
    第四节 图书馆网络的管理 ·············· 116

第五章 新媒体环境下图书馆的服务创新 ·· 132

　　第一节　大数据时代图书馆服务变革与创新 ································ 132

　　第二节　新技术在图书馆服务中的应用 ·· 135

　　第三节　图书馆服务创新动力机制 ·· 139

　　第四节　图书馆空间再造创新服务 ·· 143

参考文献 ·· 149

第一章　新媒体环境下图书馆的服务管理

第一节　图书馆服务理念与服务管理

一、图书馆服务的含义

图书馆服务通常也称为读者服务工作，简称读者工作，是指图书馆根据读者对文献和信息的需求，充分利用图书馆资源向读者提供文献和信息的一切活动的总称。

图书馆服务是一项十分复杂的系统工程，其实质就是以读者信息需求为导向，确定图书馆建设方针、服务任务和服务目标，按照图书馆工作自身的特点和规律，准确把握读者的信息需求心理和阅读规律，通过不断地创造和完善服务方式，向社会传播知识，向读者传递文献信息，从而实现图书馆服务的目标。从这个意义上说，图书馆的一切活动都是围绕着读者服务这个中心展开的，图书馆的一切活动也都是图书馆服务工作的有机组成部分。

因此，图书馆服务研究领域包括的内容十分广泛。在传统图书馆服务领域，它包括读者对象、读者需求的界定，进而开展信息资源建设与组织，根据读者的组成结构、读者的阅读心理、读者的需求以及文献信息资源的特点和利用方式的特点等，精心开展文献信息资源的整序、组织和管理，以此为基础，通过阅览、借阅、文献传递、馆际互借、参考咨询等各项服务开展读者服务工作。在数字图书馆服务领域，还需构建适合网络虚拟环境的服务功能和方式，开展网上数字化信息服务。

二、现代图书馆服务的特点

在现代图书馆的建设与发展中，技术的进步与广泛应用从根本上给图书馆的服务观念和服务方式带来了巨大变革。技术的进步改变了图书馆的资源建设模式，开拓了图书馆的服务领域和方法，也促进了图书馆在信息资源共建、共知与共享领域的全面合作和服务。随着社会的发展，科技水平日新月异，计算机和网络快速普及，现代图书馆服务与传统图书馆服务存在很大的不同，其主要有以下四个特点。

（一）服务虚拟化

随着现代信息网络技术的广泛应用，建立在虚拟馆藏资源和虚拟信息系统机制上的新型信息服务模式逐渐形成。这种虚拟化的服务彻底改变了以文献信息资源为主线的传统图书馆服务模式，使图书馆的服务始终处于一个动态和虚拟的信息环境中。通过网络传输，图书馆既可以利用自有或自建的数字化馆藏资源，又可以利用电子邮件资源、网络新闻资源、FTP（文件传输协议）资源、WWW（环球信息网）资源、Gopher（信息查找系统）资源等多种互联网资源，这种无形的、即时的虚拟化信息服务突破了时空限制，使得图书馆为读者提供无所不在的信息服务成为可能。因此，服务虚拟化包括服务资源的虚拟化（即信息资源的数字化、虚拟化）和服务方式的虚拟化（即由面对面的阵地服务转变为面向虚拟读者、虚拟环境的服务）。其实质是图书馆由向具体人群提供实体文献服务，转变为向非具体化读者（甚至匿名用户）提供虚拟数字信息服务。

（二）文献多样化

随着数字资源的急剧增长，图书馆为读者服务的文献信息资源已呈现出印刷型文献与联机数据库、电子出版物、网络化信息资源并重的格局。信息载体多样化的发展打破了纸质文献一统天下的格局，也改变着读者利用文献的习惯与观念。读者对信息载体的需求已不再局限于印刷型文献，单一的纸质文献及其传递方式已不能满足读者多元化的信息需求，读者的信息需求越来越多地转向各种类型的数字资源。同时，以现代视频技术为手段而大量涌现的数字视频信息资源，也为人们获取丰富的多媒体信息创造了条件。因此，文献多样化使得图书馆在文献保存、信息交流和教育的基础上，极大地拓展了服务空间，信息服务保障能力得到极大提升。

（三）信息共享化

由于网络及各种信息技术的广泛应用，图书馆信息服务的观念发生了巨大变化，人们逐渐从习惯于依靠自己所熟悉的一个图书馆获取信息服务，走向依靠图书馆联盟乃至基于共享技术整合在一起的云图书馆获取信息资源。现代图书馆不再是一个个孤立存在的信息实体，而是整个社会信息网络的一个个节点。图书馆之间的信息共享服务有了越来越大的空间和自由,其交互需求与作用也越来越大。共享思想与共享技术使信息资源共享服务从来没有像现在这样成为现代图书馆服务不可或缺的有机组成部分,从而使真正意义上的信息资源共享成为现代图书馆服务的重要特征。

(四)需求个性化

随着经济社会发展对信息需求的深度和广度日益提高,读者对信息的个性化服务需求越来越突出。而图书馆通过专业馆员队伍素质的提升、现代信息技术的广泛应用以及信息综合保障能力的快速提高,为读者提供定制化、自助性、全天候的个性化服务,已成为现代图书馆读者服务工作发展的主要方向。在这样的服务过程中,读者的自主性得到张扬,个性得到满足。这种个性化的服务正逐渐成为图书馆界追求的服务新理念。

三、图书馆服务的内容

在图书馆的各项业务工作中,围绕图书馆服务形成了一个内容丰富的完整工作体系,主要包括以下五个方面。这五个方面的内容相互作用,相互制约,缺一不可。其中,组织与研究读者是开展一切读者服务工作的前提条件和基础;科学组织各项服务工作,构建层次分明、体系完整、灵活多样、富有生机的读者服务工作体系,是实现读者服务工作目标,体现图书馆社会价值的根本保障;组织各项宣传辅导活动,开展卓有成效的读者教育是提高读者素质、增强信息能力,从而提高读者服务工作成效,充分发挥图书馆效能的有效途径;加强图书馆服务管理,是顺利开展读者服务工作,有效实现上述任务的制度和组织保障。

(一)研究读者

研究读者是开展图书馆服务工作的重要内容和前提条件,它包括研究读者的文献需求和阅读规律两个主要方面。读者是图书馆这个社会组织的基本组成要素之一,是图书馆得以存在的根本。读者对图书馆的文献信息需求和利用规律,最直接、最具体地体现了社会的需要,它是图书馆赖以生存的土壤,也是图书馆一切工作的出发点和归宿。

开展读者研究有助于从总体上把握读者需求的特点和规律,提高图书馆服务的针对性,并对读者动机加以正确引导,不断改善和拓展读者服务的方式和服务领域,提高图书馆服务工作的质量与水平。

1. 读者的文献需求研究

研究读者的文献需求就是对不同层次的读者在阅读需要、阅读目的、阅读过程中的特点及其规律进行研究。一般来说，不同层次的读者对信息资源的需求不同，读者在不同时期所需要的信息资源不同，其阅读的目的也不完全相同。此外，现代图书馆还需要特别关注读者对不同类型文献的需求差异、不同渠道获取信息的差异，以及不同信息环境下的文献需求差异。

2. 读者的阅读规律研究

这方面的研究可以从两方面着手：一方面，对读者的心理及行为规律进行研究，即对读者在鉴别、提取、利用信息过程中的行为习惯和阅读规律进行研究。它既包括对读者的阅读动机、阅读兴趣、阅读能力、阅读习惯等心理活动的研究，也包括对读者的文献选择行为和文献获取行为的分析、对读者使用各类型信息资源特点的研究、读者阅读效果的评估等。另一方面，要对读者的信息素养及信息意识进行研究，包括社会的发展与变化对读者文献需求意识的影响、社会环境与读者需求结构的关系等。

（二）组织读者

组织读者是图书馆为实现服务和管理目标而围绕服务工作实施的管理措施。它的主要任务是读者队伍的组织与发展，包括确定读者服务范围与服务重点、制定读者发展规划与计划、定期发展与登记读者、划分读者类型、掌握读者动态、组织与调整读者队伍等。

组织读者应根据图书馆的任务变化和环境变化，不断研究和掌握读者变化而展开。只有把握住读者的阅读规律，掌握读者的阅读需求，才能使图书馆服务不断与读者的需求相适应，使图书馆服务管理方式的变革与读者需求的变化同步，才能找出提高图书馆服务工作和管理工作水平的方法和途径。

发展读者队伍是组织读者工作的一项重要内容。拥有规模化的读者群体是图书馆一切工作的前提，只有拥有了广泛而确定的大量读者，图书馆的资源建设、服务管理才有了明确的目标，才能通过大量的高水平服务实现图书馆的社会价值。

不同类型图书馆发展读者的重点和发展方式有很大差别。高校图书馆是为本校服务的信息机构，因此，高校图书馆的读者成分比较单一，主体是本校的师生、员工，其读者的确定和发展通常可通过读者账户注册实现。学校的教职员工只要进行简单的读者登记，由图书馆发放标明其基本身份信息的借阅证就可以成为图书馆的正式读者。研究单位、机构等图书馆的读者发展方式大体与高校图书馆类似，而公共图书馆是面向某个行政区域内所有公众的，因此，公共图书馆的服务对象十分广泛，读者的构成也比较复杂，需要在有服务需求的个人或团体向图书馆提出注册请求的基础上，由图书馆根据办馆的方针、任务、规模和条件以及读者的阅读需求特点等确定是否授予申请者享受本图书馆的权限，只有符合本馆读者发展条件的申请者才能通过注册成为正式读者。

受读者文化层次、信息需求、年龄、职业、工作任务等各种因素的影响，不同类型的读者对图书馆服务的期望和要求存在很大差别。由于图书馆的主要任务不同，资源、人员、环境和经费也很有限，图书馆需要在研究读者的基础上，通过制定不同类别读者使用图书馆的权限规则，以及读者管理系统的身份认证与权限管理，将庞大的读者群划分为在某些方面具有需求共性、使用行为共性的读者群体，从而在普遍服务的基础上实现针对不同需求的差别化服务。

读者发展、细分、管理的成果一般都通过图书馆的读者注册与身份认证管理系统固化下来。这既是了解读者、研究读者的重要资料，也是图书馆开展一切工作的基础数据，更是评价图书馆绩效、制定发展规划、进行服务与管理改革的重要基础。

（三）组织服务

充分利用图书馆的各种资源，在深入研究和准确掌握读者需求的基础上，通过组织开展多层次、多角度的全方位服务，最大限度地满足读者的文献信息需求，是图书馆服务工作的中心环节，也是图书馆实现社会价值和最终服务目标的重要手段和方式。

图书馆服务是图书馆各项工作的外在表现形式，也是图书馆中最具活力、最富创造性的工作。组织服务工作的主要内容包括优化读者服务方式、扩大读者服务范围、增加读者服务内容和提高读者服务水平等几个方面。一个图书馆以何种方式服务于读者，主要取决于本馆的性质、规模和读者需求，而且还要随着图书馆的发展和读者需求的变化而不断变化。

图书馆的传统服务方式是根据读者的实际需求，利用馆藏资源、馆舍设备以及环境条件，有区分地开展各项服务活动，包括文献查询、外借服务、阅览服务、复制服务、咨询服务、检索服务、定题服务、编译服务、报道服务、展览服务、情报服务等。由于读者需求具有广泛性、多样性和复杂性，几乎所有图书馆都根据自身特点，以这些服务方式为基础，组织建立起多类型、多级别的综合服务体系，以有效地满足各类读者对文献的不同层次需求，帮助读者解决在学习、研究、工作中选择书刊、查询资料以及获取知识信息方面的各种具体问题。

随着网络的普及和计算机技术在图书馆中的广泛应用，现代图书馆的服务方式由传统的服务转向了现代化数字图书馆服务。因此，充分利用网络为读者提供服务已经成为现代图书馆的服务方向。这方面的服务包括资源检索、全文浏览、文献下载、自助借阅、虚拟参考咨询、网上读者调查、资源导航、特色数据库、移动阅读、用户文档上传与共享、个人学习空间、用户意见征集与实时交流等。

总之，图书馆服务的组织应根据本馆的具体情况和社会发展水平来决定，总的要求是用最少的投入，在最短的时间内，向最多的读者提供最好的信息资源。

（四）宣传辅导

读者宣传辅导工作是图书馆教育职能的体现。它包括读者宣传、读者辅导以及读者培训三个方面的内容。

1. 读者宣传

读者宣传是图书馆对读者进行科学管理的基本手段之一。宣传的目的是在了解和研究读者阅读需要的基础上，主动向读者揭示、推荐信息资源的形式与内容，宣传先进思想、科学知识、职业技术以及广泛的文化信息，通过多种形式，把读者最关切和最需要的信息及时展现在读者的面前，吸引读者利用图书馆的各种资源和服务，使图书馆的资源得到最大限度的利用。

2. 读者辅导

读者辅导是指针对不同读者的具体情况，有区别地为读者答疑解惑、排忧解难。读者辅导需要图书馆员充分掌握信息资源的特点，熟悉图书馆各项服务流程，了解读者行为习惯和信息需求心理，在读者利用图书馆各项服务的过程中，积极影响读者选择阅读范围，引导他们正确地选择信息资源内容，帮助他们学会利用信息资源和图书馆，有针对性地为每位读者提供帮助和信息技能指导，以促进读者更好地获得知识，提高阅读能力及阅读效果。

3. 读者培训

读者培训是指根据不同读者群体的共性需求，通过开展讲座、参观、课堂教学等多种方式，帮助某一读者群体提高使用图书馆及其资源的技能，提高图书馆资源的利用率。培训读者主要从两个方面入手：一是培养读者的情报意识，激发他们利用图书馆的欲望，使他们自觉地认识到图书馆是自己的良师益友，是终身学习的场所；二是提高读者利用图书馆和检索情报的技能，帮助他们学会利用图书馆及其资源，充分发挥图书馆的教育职能和情报职能，吸引更多的读者开发和利用图书馆资源。

（五）服务管理

服务管理是指对图书馆读者工作部门的业务活动进行科学的组织管理，包括读者服务对象管理、读者服务人员管理、读者服务设施管理三个方面。它具体包括制定读者发展的政策和计划、服务机构设置、岗位设置、人员配置、明确岗位责任、建立健全各种规章制度、人员分工与业务流程设计优化、合理组织藏书、改进服务手段、采用先进的设备与技术手段、完善服务体制等工作。服务管理为读者创造良好的环境和条件，方便读者有效利用图书馆资源，保证图书馆服务工作健康顺利地向前发展。

四、读者的阅读需求与管理服务

（一）图书馆的服务管理缺陷

1. 传统的借阅服务管理制度

图书馆服务管理工作的传统模式为购书—藏书—借书—还书。随着时代的进步、历史的发展，在服务管理观念、服务项目、服务管理手段等方面，必须要与时俱进，有一个跨越式的发展，才能适应高科技迅速发展的需要，适应知识迅速更新、知识爆炸时代的需要，为读者汲取科学文化知识提供尽可能多的优质服务。

长期的传统服务模式一直处于被动服务状态，即读者需要服务就得找上门才会提供，这种服务模式很浪费读者的时间和精力，这就直接影响到服务的质量和效率。众所周知，服务贵在主动，好的服务必须得先从主动服务意识开始，在满足了读者的需要的时候，还给读者提供其他方面的服务，以增加读者对图书馆服务的满意度。如何摆脱传统的服务模式，是对现代图书馆服务管理的严峻考验。

在当今信息时代，许多行业都运用了电脑管理，开展电脑数据查询业务，而在经济欠发达地区的县级图书馆几乎都还没有使用电脑，或者有几台电脑，但仅限于对图书的借还服务，其他服务仍采用原始的手工操作方式服务于读者。读者只能利用图书目录卡片查询书刊或进入书库查找所需书刊，由于目录不能反映出借阅情况，有的读者花了很长时间查找到某种馆藏信息，但是因该文献已借出或遗失等，而不能获得所需文献信息，浪费了时间，久而久之，读者对图书馆服务质量有了意见，甚至丧失信心。进入书库查找所需图书，可能想借的书刊难以找到，最后便随意借阅几本。

2. 陈旧的图书资源与快速更替的信息相矛盾

图书馆被认为是学校教学、科研等重要的服务部门，图书馆有非常好的信息资源，但信息资源结构不合理，信息服务也不适合产品的开发，特别是素质教育的实施，客观上要求读者不仅仅局限于课上的知识，还要多方面进行学习，要求读者在德、智、体、美上全面发展。由于现在图书馆的发展跟不上社会形式的改变，有许多学生已经不相信图书馆，养成了有问题先上网找资料的习惯，互联网已经大大改变了学生传统的学习方式，现在进入图书馆的学生已经越来越少，往日人山人海的借书队伍已经不复存在。

如何应对网上资源的强有力冲击，已经成为传统图书馆首待解决的问题，整合学校现有的优质资源，果断放弃一些陈旧的体制和系统，利用学校信息化进程中软硬件各方面的优势和资源，加大图书馆管理的费用投入，做好信息化图书馆服务，将传统纸质图书和电子化图书资料紧密、有机的结合，让读者在最短的时间内用最快捷的方式来获取自身需要的信息，这些是解决问题的有效方法。

3. 学科馆员制度及相关考核标准缺失

学科馆员制度具有保证图书馆核心价值的作用，正常、文明、有序的良性运转的控制手段，制约各个环节中人的行为，是图书馆重要的管理方法。图书馆与社会各方面所形成的关系，加上我们国内图书馆的发展较滞后，大多数图书馆均没有形成此良性制度。而制度的重要内容就是要化图书馆传统的被动服务为主动服务，这恰恰与传统相违背。

4. 缺乏对数字化服务管理的清晰认识及界定

随着计算机网络的快速发展，现代读者对知识的渴求不仅停留在书本上，而是广袤无垠的互联网。互联网能够在最短的时间内满足读者的任何一个方面的信息需求，使得读者越来越依赖发达的互联网技术而摒弃传统的图书馆服务。由此可知，图书馆数字化服务的提升与改革迫在眉睫，而如何处理这些海量的科学知识，往往就成了当今图书馆发展数字化的瓶颈。①在传统馆藏与虚拟馆藏间未能形成一定的互补作用。②虚拟馆藏一般需要购买使用权与所有权，而图书馆往往在更新后没有体现图书馆在虚拟馆藏中的购买使用权与所有权。③虚拟馆藏现在还处于发展阶段，尚未能满足读者的多样化需求。

5. 工作时间与行业要求不相匹配

图书馆作为一个传播知识、文化的重要部门，其服务对象的大部分是机关工作人员、在校学生、外来务工人员等。他们只能在下班、放学或双休日、节假日才能到图书馆来学习，而目前不少图书馆的服务时间与大多数行政、事业单位的上下班时间相同，晚上、双休日、节假日开门时间相对于其他服务行业较短，图书馆因此未能充分为这部分读者服务。

6. 资源设备不一

由于图书馆在联盟前资源设备都不太相同，整合以后虽然学校进行了统一的规划，局面有所改观，但馆藏资源建设需要长时间有计划、有步骤地去建设，这样，图书馆就存在一系列的问题：有的是馆藏资源建设不够合理；有的是自建数据库很少，并且数据库建设缓慢也不规范，缺乏高质量、数据完备的大型数据库；有的是没有特色馆藏；有的是图书馆网站比较空洞，信息更新不及时，馆藏信息资源和数据库建设都缺少优化整合，很难满足读者信息需求；有的是图书馆的阅览室空间太小，设备比较陈旧落后，现代化服务设施不配套，无法满足读者需求。

7. 服务形式、项目单一

目前大多数县级图书馆的服务工作局限于只为到馆读者服务，只提供图书借阅、报刊阅览，在读者心目中，图书馆只是"借书馆"。而可以开展的送书服务、资料复印、电子阅览室等，由于各方面的原因没有开展或虽然开展但进展缓慢，影响不大。

（二）现代图书馆的服务管理存在的相关问题

1. 图书馆员的专业素质普遍不高

我国图书馆传统的服务管理模式是等着读者来，其服务的方式也是围绕着图书馆，而不是围绕着读者，图书管理员所提供的服务也仅仅限于图书馆的范围内，这使得图书馆所提供的服务难以适应读者的需要。另外，我国的图书馆工作人员的服务和管理素质不高，其体现在以下几个方面。一是图书馆的工作人员缺乏责任心。图书馆馆员流动性较大，其根源在于图书馆工作人员地位不高，其收入和付出往往有一定的差距，很难平衡员工的心理，很多事情都是抱着得过且过的心理。二是图书馆工作人员整体素质较为低下。主要是因为图书馆的工作人员多数尚未经过专业化的培训，缺乏一定的专业化的工作能力，这样就大大降低了图书馆的服务质量与水平。

2. 落后的服务理念与读者的需求相矛盾

传统的图书馆服务理念仅限于借阅，读者需要书就过来借，管理员负责登记并催促其还书，逾期办理罚款事项，这样的服务显得比较刻板，从而往往忽视了为读者提供优质服务。在当今社会服务业的飞速发展潮流中，图书馆本身作为服务业容易被人们所忽视。而相比于酒店一类的成熟的服务行业来说,图书馆显然还处于萌芽阶段。

读者是社会人,社会在进步,人们自然有更高的追求,"我付钱了,我理所应当享受好的服务",这是消费者的普遍消费观念。而图书馆的服务却一直被传统所禁锢,一直没有质的提升。其原因在于,管理员没有与时俱进的服务意识。而图书馆要想谋求更高的发展,不致被先进的服务潮流所淹没,那就得打破传统,跟上时代潮流,才能顺应时代的发展。服务读者是图书馆的宗旨,是图书馆服务工作的出发点和归宿。图书馆的服务对象是读者,服务质量如何,读者最有发言权。"以人为本",即以读者为本位,以读者为主体,意指以读者为中心组织和开展资源匹配、读者服务等一切活动。

"人文精神"体现在现代图书馆的管理中就是以人为本的思想。提倡"读者第一,服务至上"的服务理念。"读者第一"根本上是指图书馆的服务宗旨和服务理念,意在表明图书馆和图书馆管理员的社会职责就是满足读者对知识信息资源的需求,维护读者获取知识的自由权利和其他各种正当的权利。因此,"读者第一"不仅体现在各种完善的制度和完备的服务设施上,更体现在对读者的人文关怀上。图书馆的工作人员对读者要"热心、精心、细心、耐心、专心",努力营造一个充满人文关怀、温馨和爱意的文化环境,为不同的读者带来帮助和关爱。这样,图书馆才能赢得读者好评,才能在读者心目中留下美好而深刻的印象。

在我国,除了国家图书馆以外,任何图书馆都存在着地域化、行业化、部门化的局限性,因而文献资源的封闭严重制约了图书馆事业的发展,甚至影响社会经济的腾飞。进入 21 世纪后,这种狭隘的服务思想必须根除,图书馆服务应面向大众、社会、世界。另外,服务观念的变化还应包括突破社会公益性服务的观念,增强市场观念、竞争观念、无偿服务与有偿服务并举的观念。图书馆馆员只有彻底转变观念,正确解读服务,用心体验服务,才能继续拥有更广泛的读者。

3. 需求和反馈信息的不对称

从现在图书馆的用户来看,读者没有主动地利用图书馆现有的资源,缺乏一定的信息利用的能力,且对一些信息、环境等服务了解得比较少,也就是说读者对图书馆还缺乏必要的了解,对图书馆现有的信息资源的建设知之甚少,因此不能做到及时地反馈信息到图书馆。从图书馆方面来看,图书馆内的一些馆员素质尚缺乏,服务用户的观念比较淡薄,对用户总的层次、信息的需求都不了解,图书馆信息反馈的机制不完善,不注重考虑读者的意见,双方产生了无法调和的矛盾。这导致读者的需求得不到满足，图书馆也没有收到真实的反馈信息，有的读者甚至拒绝为图书馆提出馆内的不足之处。

4. 知识结构的不合理

在图书馆馆员中，普遍存在知识结构单一的现象。图书馆馆员的结构存在着三种类型。第一类，受过图书馆专业知识教育，具有大专以上学历人员。这部分人对图书馆专业理论有较系统的了解，对图书馆各工作环节有较全面的掌握，但在紧密配合教学科研工作时，缺乏相关学科知识，从而影响服务质量。第二类，其他学科专业毕业的，具有大专以上学历人员，他们有某一学科的系统知识，但缺乏图书馆专业的知识和管理方法。第三类，文化层次偏低，包括中专以下学历的人员，这部分人一般未经过图书馆专业知识的学习，由于知识和能力的限制，他们只能从事简单的传统图书馆业务工作。

（三）提高图书馆服务管理的策略

1. 树立与时俱进的创新服务理念和服务意识

"以人为本"的服务意识才是与时俱进的创新服务。人是图书馆一切活动的主体，所以认真贯彻"以人为本"的理念在图书馆服务管理中显得尤为重要。美国罗森帕斯旅行管理公司总裁罗森·帕斯创造了"顾客第二"新企业管理法。把"人本管理"理论应用到图书馆，提出图书馆要确立"职工第一，读者第二"的新观念。对于这一提法，是否要否定图书馆学的"读者第一"法则，可以讨论。从人性化角度看，一些大学图书馆的服务主动性较差；服务态度还有待进一步改善等方面，强调"读者第一"仍然有现实意义；从职工管理的角度看，要提高服务质量和服务水平，强化职工的主观能动性和重视职工的意识，能够起到较好的效果，但要根本解决职工管理问题，要从人事分配制度改革入手。要树立投入产出效益观念、竞争观念、资源共享观念、开放服务观念等。通过更新观念，改革创新，树立图书馆的新形象。

"读者是我们的上帝。"我们经常说："读者第一""读者是我们的上帝"，可是在具体的实践中又是怎么做的呢？读者进出图书馆的大门，甚至"二门""三门"，都必须无条件地接受防盗检测仪器的检测，有钱的图书馆还专门聘请了职业保安或公安民警来看守大门，或在馆内"游弋"。进了图书馆以后，有的图书馆还设有电视监控设备，24 小时不断地"监控"我们的读者。图书馆的规章制度，那么多的"不准""严禁"之类的条条框框，那么多的分等级借阅限制和琳琅满目的罚款条例。既然"读者第一""读者是我们的上帝"，那么为什么要如此这般地去防着"上帝",还想方设法地去"修理上帝"呢?这不是自相矛盾吗?

现在的图书馆要从各个方面加强"人文关怀"的建设,例如:在环境设计中体现人文色彩。图书馆绝大部分经费都用到了改进技术、引进设备上来,而忽视了对图书馆人文环境的建设。实际上,图书馆美的人文环境和极具亲和力的氛围不仅能吸引更多的读者,提高读者利用图书馆的兴趣和效率,还能对读者产生潜移默化的美育作用。在功能布局上表现人的主体性。在功能布局中应充分运用人性化设计理念,充分为读者的需要考虑,注重多样化的服务,注重读者隐私的保护和个性空间,同时开辟休闲空间,增添柔性化情调等。在规章制度中应注入人文关怀,改变传统图书馆的那种刚性管理手段,追求一种柔性化的管理风格,使读者在服务中感受到人格的尊重与人性的关怀。

营造人文气氛,图书馆馆员要了解读者、尊重读者、爱护读者,以满足读者的需求为己任。对读者坦诚相助,如在图书馆网点布局、开放时间和开放程度上照顾广大读者的需求,为读者提供多样化的、更为人性化的服务等。读者固然最看重的还是图书馆的资源和先进的手段,但同样期望拥有一个浓郁人情的人文环境。图书馆发展的永恒主题都应围绕人文关怀,最大限度地提供优质服务。图书馆馆员对读者的尊重不能仅限于微笑,这是最基础的服务,提高工作的效率,全方位满足读者对图书馆信息资源的需求,这才是对读者的最大尊重。要努力做到满足读者的每一个合理的需求,让读者在图书馆这里获得宾至如归的感觉。

2. 建立健全合理的管理机制

合理的管理机制是图书馆实现"以人为本"管理与服务的根本。长期以来,图书馆管理机制上存在着许多不良因素,如职工岗位长期固定不变;人员缺乏合理的流动和竞争;职称、职务晋升存在着人为因素或论资排辈,等等。这些现象的存在,制约着馆员的积极性,同时造成人才资源的极大浪费。因此,建立健全合理的用人机制、育人机制、竞争机制、流动机制、决策机制,对图书馆馆员来说,就是最好的以人为本管理的具体体现。具体来说,第一,管理者在管理中要注重馆员在图书馆中的重要作用,关心馆员的思想、学习、工作和生活,在各方面为他们创造可靠的保障;第二,要针对不同馆员的个体差异,调动每个馆员的积极性,充分发挥他们的潜能,并鼓励和帮助他们实现合理合法的工作目标和人生价值;第三,制定科学合理的考勤、考核制度,按馆员完成任务的情况、科研成果情况、思想道德情况,建立一套良性的竞争机制,避免在职务、职称晋升及岗位安排中少数领导说了算的不公正做法;第四,要保证竞争的公开透明、公开公正；第五，制定出本馆的奖惩措施，满足馆员一定的物质需要和精神需要；第六，实行民主管理，让馆员参与管理，在制定目标和计划时，应广泛征求馆员的意见，使决策取得广大馆员的认可；第七，要建立一定的监督机制，保证各项措施的实行；第八，管理者要改变工作作风，深入馆员当中和实际工作中，一切为馆员着想，一切从馆员利益出发，做馆员利益的忠实代表。

3. 提供方便快捷的服务方式

在制定图书馆规章制度的时候，要考虑读者的需求和利益，立足于方便读者，减少一些烦琐且不必要的规定和限制，开放式的管理与自助式的服务往往令读者备受推崇。同时，图书馆的服务工作重点已由满足书刊借阅文献需求为主，转变成满足知识信息和知识开发为主。而图书馆需要做的是，通过局域网和地方网提供图书馆服务，不断丰富和更新本馆的网页内容，建立有特色的馆藏文献数据库和信息导航系统，完善网上咨询业务，对文献信息资料开展深层次的信息加工和参考咨询服务。对不同年龄不同层次的读者设立专门的板块并加以引导，让读者能够快速熟悉整个图书馆的网络系统的功能。

4. 体现人性化的借阅环境

俗话说"环境能改变人的一生"，而图书馆的环境往往也决定了其人文意蕴和时代精神。恬静温馨的读书环境，体现了对到馆的每一位读者的尊重和爱护。创造一个舒适的读书环境容易获取读者对图书馆的好感。如何在"足不出户"的网络信息的竞争中处于有利地位，无论是美好的环境还是令人暖心窝的问候，都是重要的因素。对于工作繁忙而没有足够的时间在借阅期内将所借阅的书籍看完的读者，可登录图书馆网站进行自助完成续借手续，将网络与实际联系起来的借阅环境更能得到读者的追捧。

现代化图书馆一方面要有数字化的前瞻性，另一方面也要保留藏书的气息。现实的图书馆在相当长的时间里还会以馆藏的外在形式存在下去。从外部环境来说，图书馆应该建在交通便利、四通八达的枢纽位置。既要方便全地域居民直接来馆利用，又便于作为本地区的中心馆建立最佳的计算机网络中心。如上海图书馆坐落于上海市中心的淮海路上，这里公交车集中，交通极为便利。日本大阪府立中央图书馆建在即将成为大阪府三大都心之一的东大阪荒本地区，这里在不远的将来将成为铁路、公路的交汇点。图书馆的建筑风格应具有浓厚的文化意蕴和时代精神，以高雅、新颖、亲切的格调成为当地文化文明的标志性建筑。可开展馆际互借、文献传递等业务，提供定题、定向、定人跟踪服务，尽量满足读者的个性化需求。

在发展变化的时代里，关心读者、尊重读者、研究读者、提高读者的信息意识已成为图书馆事业发展的根本途径。因此，图书馆要改变等读者上门的思想，对读者热情周到、全心全意为读者服务、要主动与读者沟通和互动。一句亲切的话语，一个温馨的微笑，都能缩短图书馆馆员与读者的心理距离。熟悉读者、了解读者，广泛听取读者的建议，成立读者联谊会，设立意见箱和网上留言板，定期召开读者座谈会，提供高品质的咨询参考服务，做好导读工作，图书馆的导读工作主要有新生入馆教育、馆藏文献介绍、新书通报、推荐书目、文献评价等。还可以根据读者群体的阅览兴趣，有针对性地向读者推荐文献。开展丰富多彩的读书活动、征文活动，从而拓宽读者的视野，提高读者的信息素养。图书馆与读者之间还可以通过电子邮件服务来进行咨询，解答读者的各种问题，也可以用电子邮件形式将最新的信息通知读者。

5. 改善图书馆馆员知识结构

图书馆馆员是图书馆信息资源与读者之间的桥梁与纽带，应充分认识读者服务工作不仅仅是一种图书的借还工作，还是社会文献信息交流的窗口和桥梁，是一种提供信息、知识和情报的高层次的智力和知识服务。馆员必须具有广博的知识、良好的专业知识、较强的现代信息意识、丰富的文化，同时还应掌握一定的外语水平，以及计算机、网络、多媒体等知识和相关设备的操作使用技能，这样才能把有用的文献信息快速准确地提供给读者，也能帮助读者多角度全方位地获取信息资源，为读者提供更好的服务。馆员适当地实行轮岗制，这样有利于馆员了解图书馆工作全貌，熟悉馆藏，了解网络资源。馆员还要积极参加学术交流活动，这是提高自我研究能力和业务水平的重要途径。图书馆领导层应给馆员提供和创造更多的学习培训机会，通过岗位培训、听讲座、脱产进修等方式，不断改善馆员的知识结构，挖掘馆员的知识潜力，从而提高馆员的职业素养。因此，馆员必须一直投入到学习中，只有成为知识型馆员，才能更好地为读者服务，帮助读者解决各种实际问题。

加强相关性知识的教育，改变图书馆馆员的知识结构，也是非常必要的。它也是图书馆馆员接受继续教育的重要内容之一。目前，信息化技术对图书馆传统职能的拓展，图书馆从对文献资源管理到信息资源管理的转变，势必在信息活动中涉及人、经济、技术等诸多因素及其相关的问题，必然要求图书馆馆员对经济类、管理类、法律类、信息以及其他学科方面的有关知识有所了解，如通过学习

"读者心理学""信息管理学""信息加工""信息资源建设""信息技术""信息检索和计算机应用技术"等多方面相关知识来加强与读者的沟通,加速信息传递,以便能使信息资源的开发与利用收到最好的效果,从而提高服务质量。

(四)读者服务工作的创新

1. 观念的改变创新

在图书馆服务工作中,服务理念决定图书馆的真正用途,是重馆藏还是重阅览。旧的服务理念导致图书馆的用途仅限于收集、储存书籍及文献,轻视了图书的使用率。随着网络时代的不断变革,在网络下的图书馆应更新服务理念,以用定藏,共建共享,呈现出开放性、主动性、针对性、多样性等服务特色。图书馆读者服务从过去的以满足书刊借阅为主,变成了现代的以知识开发服务和满足信息需求为主,从"以书籍为主体"的服务转变为"以读者为主体"的服务,这就要求图书馆服务理念和服务工作的发展与创新,既要树立网络化的服务观念,又要树立特色服务的观念,形成特色优势,开展特色服务,在竞争中求生存、图发展。

2. 服务内容的创新

随着网络信息的日趋普及,人们对文献信息的要求向多元化、多样化、综合化和纵深化方向发展。图书馆作为提供文献信息服务的社会组织,必须在服务内容和服务方式上进行以用户为目标的变革与创新。

(1)在服务内容上将逐渐从提供传统印刷型馆藏向电子化、信息化以及广领域深层次的信息服务发展。可以开展网上信息服务,图书馆要充分发挥文献信息服务中心的作用,对网上的信息资源进行深度加工,将广泛、无序、分散的信息转变为有序的可以直接使用的资料,以方便用户查阅和利用。在不断拓展和深化图书馆信息服务的功能的同时,向开放式分工合作与资源共享的方向发展。要充分利用馆际互借、网上信息传递和信息获取来扩大馆藏信息。要在统一规范、统一标准的前提下,发挥各馆的优势。集中力量建立有本校特色的数据库,为图书馆参与竞争、开展服务创新提供保障。

(2)在服务方式上要创新,即服务方式由被动变为主动,由原来的以馆藏为中心变为以读者为中心。开展包括文献信息咨询服务、情报检索服务、情报调研服务、重点课题服务、网上信息服务等一系列活动,主动指导用户利用馆藏文献和网络资源,编制网上导读、索引,指导用户熟悉数据库的检索方法,增强图书馆的主动性。

首先要进行阅读辅导。为读者提供优质服务的最重要的方法就是进行阅读辅导，辅导读者如何利用图书馆中的检索工具、书刊目录以及各种各样的图书资料都是阅读辅导的内容。导读能够使读者具有浓厚健康的读书兴趣，让他们读有价值的书；还能有利于吸收健康的知识信息以及登录健康的网站，等等。在阅览过程中，图书馆要采取多种方式进行指导。此外，读者还可能由于缺乏文献检索方面的知识，往往不知道从何下手来查找借阅有用的图书资料，所以图书管理员对他们的需求要有所了解，让他们能够更好地运用各种检索工具及参考工具，能够更好地掌握和运用文献检索的技能和知识，以便能够充分地利用相关的文献资料。

其次是要将传统服务转为网络服务。开展网上服务能够为读者提供更好的服务，让图书馆能够更加贴近读者。其服务功能主要有：①联机目录查询的功能，能够更加方便地查询本馆书目记录，还有利于查询国内外别的图书馆的馆藏书目记录，这种制度同时还有利于实现馆际互借的服务；②建立布告栏的功能，可将最新的电子出版物、图书等的馆藏情况通过网络来发布，还能让读者最快知道自己所借图书的相关过期信息等；③网上咨询的功能，通过网络这个平台，读者能够提出各种咨询要求和问题，以便尽快知道自己关心的信息；④建立意见公告栏，对读者的建议和意见要实时了解并给出答复，从而让读者能够更好地与图书馆进行交流，促进图书馆工作的改善。

3. 服务模式的创新

服务模式的创新包括：

（1）流通模式

从实体阅读到信息传递，即流通方式不再局限于文献实体的借与还，而是更多地通过网络来传输读者和用户所需的文献信息，这样文献信息流通就变得快捷。

（2）阅览模式

从馆内阅览发展为图书馆、办公室、家庭等相结合，打破了服务对象范围的局限，突破了时空和地域的限制。读者可以通过网络在办公室和家里进行检索，使阅览不再受某个图书馆藏书的限制，广泛利用众多图书馆的收藏资源。

计算机技术的进一步普及使越来越多的信息资源日益网络化、数字化，也使越来越多的读者依靠网络获取信息资源。由于网络信息资源种类繁多、庞杂无序，缺乏完整性和组织性，同时随时都有可能被更新取代，使读者难以对信息资源进行充分、准确、合理的利用。所以，将那些无序的网络信息整理成有序的、可利用的资源，并有效地提供给读者成为图书馆馆员面临的重要任务。比如，针对学校某些科研课题建立检索指南，介绍各研究课题的检索要点，对搜索到的信息进行分类、整理，再通过链接建立导航站，为读者提供有价值的网络信息资料等。

4. 管理创新

管理创新主要包括两个方面。

（1）要坚持以"读者为本"的原则

当前图书管理观念中，图书馆的管理制度和服务模式，主要侧重于对文献的管理、对馆员的管理、对读者的管理等"管理"的角度，馆员承担的是"图书管理者"的角色，体现的是"以书籍为本"的管理理念。在新的形势下，必须改变为"以读者为本"的管理方式，图书馆的一切工作都应紧紧围绕读者进行，馆员要认真研究读者、了解读者，预测和识别读者的需求倾向，急读者之所急，想读者之所想，购读者之所需，解读者之所难，为读者提供多元化、多层次、多方位的服务，图书管理制度的制定坚持"尽可能有利于读者，最大限度地方便读者"的原则，图书馆馆员承担"读者服务者"的角色。

（2）管理制度化、规范化

图书馆管理的核心是为读者服务，服务以人为本就是要以到馆的读者为根本，以优质的服务满足读者的需求。人性化管理给图书馆各项工作注入了更多的情感因素，拉近了文献与读者之间的距离，为读者获取文献信息创造了一个亲切、便利的空间，形成一种全新的服务方式。在图书馆管理中，只有充分重视图书馆活动的"人"，用以人为本的理念创新图书馆的服务与管理，不断提高图书馆的人力资源管理水平，才能促使图书馆事业快速、持久地发展。图书馆管理创新不是全盘否定原有的图书馆管理基础和管理模式，而是在保留原有管理方式的精华部分的基础上进行创新。管理的改变和创新就是图书馆充分发挥其作用并不断持续发展的动力。

图书馆自身要建立健全长期有效的激励机制，有效促进读者创新服务工作的落实。建立严格公正的奖罚制度，积极引进自我约束机制和竞争机制，建立和推进聘用制，调动馆员的积极性、主动性和创造性。定期对馆员的专业水平和技能进行量化指标考核。以广大读者的评议为标准，将考核结果作为评价馆员工作业绩的客观依据。建立定期培训交流制度，提供一定的渠道，让有需求的员工获得所需的知识和技能，改善馆员的知识结构和学历层次，提高馆员的专业能力和人文素养，增强其信息意识和创新能力，使馆员的专业水平和业务素质始终与现代社会的发展及需求保持同步，通过制度建设，真正达到"人尽其才、物尽其用"

的目的，不断推进和强化图书馆的读者服务职能和质量。

五、现代图书馆服务新理念

图书馆作为社会的文献信息中心，是学校教学工作和科学研究工作的重要组成部分。要使图书馆的职能得到充分地发挥，必须坚持科学发展观，坚持以人为本的管理与服务。而以人为本在图书馆中的应用，包括了图书馆内部的两大重要资源，即图书馆馆员和读者。满足他们的要求，以他们的全面发展为准则，实施以人为中心的管理与服务，实现他们的价值，充分体现人文精神，最终获得人的全面发展，这是现代管理学中的重要理论，它应当包含如下新理念。

（一）牢固树立以人为本的管理理念

传统的图书馆管理与服务，更多的是考虑馆舍的面积、图书经费的投入、设备的配置，以及图书的外借量、接待读者人数的多少等，一味追求各项任务指标的完成，很少考虑馆员的需要和读者的需求，在重视"物的发展"的同时，往往忽视了"人的发展"这一重要因素。也就是说，在管理和服务中，缺乏"以人为本"的思想理念，没有充分考虑到"人性化管理"和"读者第一"这两个根本所在，在很大程度上限制了管理和服务水平的提高。在全国各行各业都在贯彻落实"以人为本"的科学发展观的今天，人性化管理和人性化服务的思想理念越来越深入人们的思想，对图书馆来说，这也是一个新的课题、新的挑战，如何在图书馆管理和服务中有效地应用"以人为本"的理念，是图书馆发展的新思路、新创新。

所谓"以人为本"的管理与服务，就是在管理与服务中充分体现尊重人、理解人、关心人，激发人的热忱，满足人的合理需求，完善人的个性，充分体现人的劳动价值，实现人的预定目标。在图书馆的管理与服务中，"以人为本"的思想理念主要表现在以下两个方面。

一是图书馆领导对馆员的人性化管理，即"馆员第一"的思想。馆领导要树立为馆员服务的思想，要为馆员创造和提供优良、和谐、富有人性化的工作环境和必要的后勤保障及服务，同时要了解馆员的合理需求，为他们排忧解难，解除他们的后顾之忧，让他们保持愉悦的心情、高昂的斗志开展工作，充分发挥他们的积极性以实现工作目标的最大效益。

二是馆员对读者的人性化服务，即"读者第一"的思想。首先，馆员要树立"读者第一"的思想，要有热情的服务态度，要把图书馆办成读者之家，让读者到图书馆有宾至如归的感觉。其次，要为读者创造和提供良好的学习环境，让读者感受到图书馆是他们学习、求知的最好地方，是他们接受终身教育的场所。馆员要不断地提高自身的综合素质，为读者提供全方位、多渠道、快捷的文献信息服务，馆员应该是读者利益的体现，最大限度地满足读者的需求。

（二）对馆员实施人本化管理

馆员是图书馆工作的主体，是图书馆最重要的资源和财富，是联系图书馆与读者之间的桥梁和纽带，是图书馆人文精神和人文关怀的体现者与实践者。馆员的思想觉悟、业务水平、工作能力、文化素质、创新理念、敬业精神越高，图书馆的建设和服务就越好。因此，必须在图书馆管理中运用"以人为本"的管理体制，充分体现馆员的主体作用，更好地发挥他们的积极性和创造性，开创图书馆管理的新局面。

1. 了解馆员内心的需求

图书馆馆员所从事的是一种无私奉献、甘为人梯的工作，但过去却往往得不到别人的尊重和理解。对于馆员来说，对尊重的需求，往往多于对物质的需求；对自我价值的要求，往往高于对金钱的追求，因此，他们希望得到领导的尊重和肯定，得到读者的尊重和理解。作为图书馆领导，要经常深入馆员中间，了解馆员的能力、个性、气质、性格、态度、价值观、心理需求层次及需求的满足程度，从分析、研究他们的心理需求入手，针对个体差异，根据工作需要和个性心理特征，创造条件，开辟各种渠道，不断满足不同层次的需要。

2. 充分尊重馆员的人格

图书馆的人性化管理，就是要尊重人、关心人、培育人，激发人的激情，尊重人的个性，满足人的生存与发展的合理要求。在图书馆管理活动中，馆领导要充分信任馆员，相信他们的人格、人品，相信他们对工作的责任心和工作能力，激发他们的主人翁意识，引导他们更积极、更主动地工作。要公平、公正地对待每一位馆员，尊重馆员的劳动。要以人为本地制定合理的规章制度，合理规范工作计划，科学地配置设备等，最终激发馆员的自尊心、责任感、成就感，提供具有吸引力的、有利于个人成长的发展空间，增强图书馆的活力，形成良好的图书馆组织文化。

3. 重视馆员素质的提高

作为图书馆领导，应给每一位馆员平等地受教育的权利，为他们创造个性发展的空间。通过多种形式的培养教育，提高馆员素质。馆领导要树立"人才是第一资源"的理念，加强人才培养，制定培训计划，并形成长效机制。可以通过开展短期培训、学术交流、学术研讨、考察学习、岗位培训、脱产进修等措施，努力打造一支人才队伍，让馆员适应环境的变化，鼓励馆员创新，这样才能把图书馆的事业做大、做强。

（三）对读者实施人性化服务

1. 尊重和关心读者

图书馆对读者必须建立平等的服务理念，平等地对待每一位读者，不因身份、职业、地位、性别的不同而设置不同的等级、权限。同时，对读者要有同情心，要有接纳读者、关心读者的意识，以一种同情、关心、尊重、平等的心态去服务读者，倾听读者的意见。对读者如能做到多一分关心，少一分冷漠；多一分尊重，少一分歧视；多一分理解，少一分冲突，就可以提升人性化服务的整体水平。

要善于换位思考，做到时时处处关心体贴读者。在服务工作中，要谦虚和气、谈吐文雅、衣冠整洁、神态端庄、举止得当，把自己最亮丽阳光的一面和敬业精神呈现在读者面前。对身体残缺或年老体弱行动不便的读者，要给他们多一些同情、多一些理解、多一些关爱。只有这样，才能让读者到图书馆有宾至如归的感觉，工作才能得到读者的信任和配合。

2. 服务环境人性化

优雅的环境和浓厚的文化氛围能给读者的学习带来意想不到的效果。图书馆在建筑功能和内部环境建设中，都要体现"以人为本"的理念，把读者的需要放在首位。图书馆的建筑格局和家具的摆设要体现人性化，如图书馆的建筑应具有自己的文化内涵，其造型应与所处地域的自然环境和人文环境统一、融洽，使读者进到图书馆就有一种身心愉悦的感觉。在家具的摆设上，要体现方便读者使用的原则，如常用的书库设在较低楼层，开架书库架位走道要留宽一些，书库中也可摆设一些阅览桌，在桌上放一些铅笔、书签、便条等；在馆内空间环境方面，可在走廊和阅览室内，用一些盆景、花卉点缀其间，墙上装饰一些名人名言字画，营造一种和谐、优雅、整洁的环境。所有这些都能散发出文化的气息，激发读者的学习热情和求知的欲望。

3. 服务方式多样化

图书馆要将可用的信息转化为读者使用的资源，为读者开展多层次、多方位的服务。第一，有条件的图书馆，可设展览厅、演讲厅、学术厅、剧场等文化娱乐场所，以方便读者开展文化沙龙活动；第二，改变服务方式，把被动服务变为主动服务，如文献信息咨询服务、网上信息服务、课题跟踪服务等；第三，利用网络、宣传栏等形式介绍图书馆馆藏信息资源、图书馆的工作与布局等，为读者推荐优秀图书，帮助读者确立阅读目标和范围；第四，加强与读者的交流与沟通。设置读者意见箱，召开读者座谈会，在图书馆网页上设立读者回音栏，倾听读者的心声，接受读者的监督，帮助读者解决疑难问题等；第五，建立读者联系档案。要重视读者的个性差异，以便满足不同服务对象，甚至是特殊对象的要求；第六，实行藏、借、阅一体化，采用三合一管理方式，实行开架服务；第七，开通网上续借通道，方便读者办理续借，节约读者来馆时间；第八，让读者参与图书的选订和采购，提高文献入藏质量和图书的利用率；第九，延长开馆时间，满足读者的借阅需要。图书馆的开放时间要做到双休日、节假日不闭馆，网上信息全天24小时开放。总之，图书馆要把丰富的馆藏信息资源，以最便捷的服务方式、最优良的服务质量、最充足的服务时间，为读者提供最有用的信息，这样才能充分体现图书馆人性化服务的真谛。

六、图书馆服务的十个理念

不同的图书馆有不同的服务理念，不同时期的图书馆服务理念也各不相同，但是进入21世纪，现代图书馆的服务理念大致相同。当代图书馆服务面对新的环境和新的需求，必须树立新的理念。所谓理念，不仅仅是哲学所指理性领域的概念，而且代表着社会成熟的思想与观念。这里所说的服务理念，不完全是从未有过的新概念，而是当前应当特别重视和强调的概念，并作为新图书馆服务的基本观念。

图书馆服务理念是不断发展的，在某一特定时期正确的并发挥巨大作用的新理念，到了新的时期，如不符合时代要求，也就会成为旧的过时的理念，只有不断替代和淘汰过时的服务理念，才能建立属于适应新环境的图书馆服务新理念。

（一）一切利用理念

现代图书馆早已突破了"重藏轻用"的旧理念，是"藏用并重"还是"重用轻藏"以及如何"藏""用"需要新理念。藏书建设的"存取"与"拥有"之争导致了虚拟馆藏的产生与"资源共享＝存取＋拥有"公式的定论。而在"用"的问题上，一切为了利用既是服务的根本，也是服务的新理念。与其说"书是为了用的"（阮冈纳赞），不如说"图书馆是为了用的"。图书馆的文献信息资源，必须发挥作用；图书馆建筑、图书馆的设备设施也不能闲置。

图书馆VSE{Vienna Special Edition，维也纳特别版（声音图书馆）}是一项创新的文化项目，旨在通过数字化技术和声音录制，保留和传承维也纳丰富的文化遗产和知识资源。它是一个虚拟的图书馆，为用户提供了独特的体验，使他们能够通过听觉方式感受维也纳的历史、文学、音乐和艺术。

维也纳特别版（声音图书馆）利用现代声音录制和数字化技术，将经典文学作品、历史故事、音乐表演和城市风光等内容转化为音频资源，用户可以通过网络平台或移动应用程序访问和欣赏这些内容。这些音频资源不仅包括纯粹的朗读和音乐演奏，还融合了声音效果、背景音乐和解说，使听众可以更加身临其境地感受到维也纳的独特魅力。

维也纳特别版（声音图书馆）涵盖了丰富多样的内容，包括经典文学作品、历史传奇、名人回忆录、音乐剧演出、艺术展览等。用户可以根据自己的兴趣和偏好，选择不同的主题和内容进行欣赏。这项创新的文化项目不仅为用户提供了一种全新的文化体验，还为维也纳的文化遗产保护和传承做出了积极的贡献。

维也纳特别版（声音图书馆）的目标是通过数字化和声音录制技术，将维也纳的文化遗产和知识资源传播给更广大的受众群体，无论是本地居民还是国际游客。它为用户提供了便捷的方式，让他们在任何时间和地点都能够欣赏到高质量的声音内容，感受到维也纳作为文化之都的独特魅力。

综上所述，维也纳特别版（声音图书馆）是一项创新的文化项目，通过数字化和声音录制技术，为用户提供了独特的维也纳文化体验。它不仅丰富了文化资源的传播方式，还为保护和传承维也纳丰富的文化遗产做出了重要贡献。

维也纳特别版（声音图书馆）服务理念具有如下的特征。

1. 可检索性

服务首先要让读者知道图书馆有什么、在哪里，让读者能够快捷地查到所需要的信息，即使一些书刊资料不在本馆，也要帮助读者找到这个资料。

一是注意本馆资料的可检索性，图书馆的 OPAC（On-line Public Access Catalogue，联机公共书目检索系统）是否能够检索到所有的馆藏信息，是否存在着有文献无 MARC（MAchine-Readable Cataloging，图书管理通讯格式标准）或有 MARC 无文献的现象（过去叫有书无卡或有卡无书现象，现在因为一些馆回溯编目未能完成以及编目系统与馆藏的不对应存在与过去类似的问题），图书馆是否实现了跨库检索、一站式检索，都会影响到检索效率。

二是注意他馆资料的可检索性，图书馆联合目录系统是重要的工具，必须引导读者充分利用这一工具，查询各图书馆的可用资料。

三是注意网上资料的可检索性，图书馆是否有好的网络导航系统，是否引导读者检索到网上好的资料，包括免费的网上资料。任何一个图书馆的馆藏都是有限的，都无法做到也没有必要做到"大而全、小而全"，只能购买必要的最有价值的资料，这些资料要发挥作用，要靠可检索性；当一个图书馆的馆藏不能满足读者需要时，大量的满足不了的需求也要靠可检索性去解决。

2. 可获得性

对图书馆的服务对象来说，不仅需要检索文献信息，更重要的是要获得文献与知识，这通常构成了一个文献获取过程的两个环节，为获得而检索，由检索而获得。可获得性除了通过文献借阅的方式外，电子文献传递是一个新的有价值的重要方式，正在许多图书馆开展起来，既使读者受益，又节约了图书馆的采访经费，还减轻了图书馆的藏书压力。

3. 可用性

可用性是指图书馆给读者提供的资料可以使用并具有使用价值，如一个图书馆的特藏对读者开放，读者可以借或阅，就有了可用性，不对读者开放，就没有可用性；图书馆的检索终端机设备完好，可以上机，就有了可用性，设备坏了不维护，就没有可用性；图书馆的阅览座位，每周开放时间长，可用性强，每周开放时间短，可用性差。图书馆给读者提供的所有资料都应该是可用的，对电子资源来说，可用性是图书馆服务的一个新的重要指标，能否有效地使用各种资料，既反映了图书馆的馆藏质量，也反映出图书馆的服务水平。例如，图书馆提供数据库打不开，信息导航的地址经常变化或错误没有及时更正，或点击图书馆网页出现空白或"正在建设中"字样，使读者无法使用，这就不具备可用性，也是图书馆的失职。一旦读者发现图书馆的书刊、数据库、网页、阅览设施不能用或利用价值低，就会对图书馆失去信心，读者就有可能不再来馆。

4. 可读性

可读性是指图书馆的信息资源能够阅读并有阅读价值。图书馆要注意以下几点。提供给读者的书刊是不是可读的，有没有价值；读者借到的书刊会不会破烂不堪、字迹模糊、无法阅读；图书馆向读者推荐的图书，会不会因为文种或版本等原因，读者根本读不懂，或者说难读难懂，也不具备可读性。同样是一部世界名著，好的译本读起来非常流畅，对读者是美的享受，差的译本则读起来淡散拗口，可读的价值就差。特别要注意电子资源的可读性，图书馆的光盘能否阅读，各种版本的电子文件能否阅读，读者购买的电子书刊字迹是否清楚等。馆员在服务的过程中检查文献的可读性，是一个必要环节，书刊借阅时要检查书刊有无破烂、缺页、开天窗、字迹脱落等现象，电子资源服务时要检查所有资源或文件是否有与阅读器不匹配、文件版本低、文件无法阅读的现象

（二）一切用户理念

图书馆服务的本质就是为了利用，更确切地说，"服务＝一切利用理念＋一切用户理念"，是为了一切用户的一切利用。图书馆服务以用户为中心这样的一个理念，是以社会的每一个人作为图书馆的服务对象或潜在的服务对象，为了所有使用图书馆的人。

1. 从读者服务到用户服务

图书馆长期以来一直为读者服务，"凡利用图书馆所提供的条件进行阅读的人即为图书馆读者"。现在应当强调的是用户服务，这里的"用户"已经超越了"读者"的概念，不局限于"阅读"而突出对图书馆的"使用"。为什么？因为读者的内涵和外延正在或已经发生了变化。过去问图书馆有多少读者，看发了多少借书证就知道了，只要是到图书馆来借书的和来看书的人都是读者。

但是现在，用"阅读"限定的读者概念不能包括所有图书馆的服务对象。例如，有的人到图书馆来，不借书不看书，只是咨询，这一行为表现为"使用"图书馆的智力；有的人到图书馆，不为阅读或咨询，而是来参观图书馆，这一行为表现为"使用"图书馆的物理资源。

而且，对读者概念最大的改变是网络的出现，网上图书馆的发展，使图书馆用户不再限于本地，而是遍布天涯海角。假若外地的一个人无论在美国的某一个角落，还是在非洲的某一个角落，只要他点击了本地图书馆的网站，他就是图书馆的用户。网络时代，图书馆的用户到底有多少，不再是用借书证来统计或用到馆人数作为依据，现实的用户除了利用物理图书馆的人数外，还包括访问网上图书馆的人数，人人都可能成为图书馆的用户（潜在用户），用户服务已经突破了传统"读者服务"的人数、时间与空间的限制。

2. 从读者第一到用户第一

关于"读者第一"与"图书馆馆员第一"的争论，应当可以了结了。这实际上是从服务和管理两个层面看并不矛盾的两个概念：对整个图书馆来说，对整个图书馆服务来说，读者至上是永远正确的，始终是最重要的，我们必须坚持，并要努力去做到；而在管理上，树立"图书馆馆员第一"的思想，对于图书馆的领导者、管理者尤其重要，管理者做到了职工第一，职工就有了主人翁的意识，职

工就能更好地激发自己的热情,更好地为读者服务,从而更好地实现"读者第一"。

21世纪的图书馆树立用户服务的概念后,图书馆不仅仅要考虑读者第一,更要考虑用户第一。不仅仅重视人们对图书馆的阅读需求(包括信息与知识需求),还要重视人们的图书馆的利用需求(利用图书馆的氛围、人力、设备与条件等);不只为本地区、本部门的用户服务,还要为本地区、本部门以外的所有人服务。

有了"用户第一"的概念,就可以反思现行图书馆服务的许多做法,如图书馆阅览室凭借书证发放座位牌、不准带书到图书馆自习、将不看书的读者赶走等,这些在考虑阅读保障的时候却忽视了用户利用图书馆的权利。图书馆要改善服务,既要改善阅读条件,吸引读者到图书馆来阅读;也要改善其他条件,吸引用户到图书馆来享有图书馆的所有资源。

(三)开放服务理念

当代图书馆的开放服务理念不再局限于图书馆从闭架借阅到半开架借阅再到全开架借阅,而是具有更多的含义:一是延长开放时间,这是图书馆改善服务的一个简单易行的措施。二是拓宽开放空间,图书馆要把门打开,把每一扇门打开。除了藏书全部向读者开放外,各个部门、各个设施都应当向读者开放。三是扩大读者或用户范围,公共图书馆要将用户范围扩大到外地,大学图书馆和科学图书馆要努力向社会开放。新建的深圳大学城图书馆定位为大学图书馆和科技图书馆,不仅为北大、清华、哈工大、南开四个校区服务,而且为全市科技人员服务,既扩大了图书馆的功能,又扩大了服务范围。四是增强开放观念,树立国际化服务的意识,从国内资源共享到国际资源共享,从全国服务到全球服务。

(四)免费服务理念

图书馆是一个社会公益服务机构,免费服务是根本。图书馆不应该收费,这在国际上已经是一个惯例,而且也应该是一个发展方向,正如国际图联和联合国教科文组织的《公共图书馆宣言》所指出的"公共图书馆原则上应该免费提供服务"。免费服务在一些国家和地区是一个普遍现象,代表着图书馆服务的基本要求。美国的许多图书馆,办证、借阅都是免费的,还提供免费打印。在我国发达地区也不成问题,香港一些大学图书馆每年给每个学生提供300页的免费打印,中山大学珠海校区的电子阅览室提供免费上国内网等。

1. 收费服务是暂时的

现在很多图书馆都在收费,虽有理并合法,但不是方向。在公共图书馆,因为政府投入不足,馆员的待遇没有保障,通过收费来弥补,一些特别项目需要读者共同负担,这种现象比较普遍。在高校图书馆,这种状况正在改变。而内地的很多高校图书馆,因为经费不足等原因暂时还做不到全免费,但这并不是图书馆应当收费的理由,图书馆迟早要走全免费的道路。

2. 有偿服务和增值服务不是服务的主流

如果将图书馆服务划分为基本服务和非基本服务,那么,是所有的服务都应当免费还是只有基本服务免费呢?早期讨论的有偿服务对于限制图书馆的收费确保基本服务免费,以及与"以文补文"和"创收"区分开来,是有意义的。后来提出的增值服务进一步强化了非基本服务的性质,有偿服务可以作为其中的一种形式。但是,有偿服务是有条件的,比如说,大学图书馆的主要目的是为本校的师生员工服务的,所以本校的任何服务都不应该收费,而为非本校的师生员工服务,属于非基本服务之列的可非营利地收取成本。

3. 补贴服务是免费服务的过渡

在有偿服务、增值服务之后,还出现了补贴服务,即图书馆在无法承担全部费用的情况下,采取给读者补贴的制度,这种情况在文献传递服务中比较普遍。如武汉大学、华中科技大学两校图书馆每年投入10多万元用于文献传递的补贴,这种服务使用户得到了实惠。

4. 免费服务需要提高用户素质

免费服务不仅要求图书馆提供好的条件,也要求用户有好的素质,包括:用户在使用免费资源时能否做到不超量下载,能否在合理使用范畴内尊重知识产权,能否爱护图书馆的珍贵设施,能否遵守图书馆伦理,能否在个人满足的同时兼顾到别的读者或用户,等等。

(五)便利服务理念

图书馆服务的便利性越来越重要。读者或用户利用图书馆首先要求方便。方便是服务的一个起点,从细微处可见。

举例一,公民到图书馆是否方便?如深圳市图书馆新馆位于市民大厦和市音乐厅之间,将公益场所集中起来,就是为市民提供方便。但从与市民最接近的角度,仅有一个大的中心图书馆不够,还要靠社区图书馆网络来方便居民。

举例二,办证是否方便?有的图书馆把办证处放在一个不显眼的或难找的角落里就不方便,因而办证处应该设在离读者最近的地方。哪里最近?图书馆的门口、首层离读者近比较方便,如果办证处设立在社区、设在读者工作和生活的地方,则更方便。办证时间是否方便?是否可以随时办?办证时间是否快?这些都体现出图书馆的便利性。

举例三，在图书馆内出入是否方便？一些图书馆借鉴超市的服务方式，为了存包方便设电子存包柜；允许读者带包进入阅览室也是为了方便读者；设立先进的导引系统是为了明确读者在馆内的位置，使读者不至于像到了迷宫一样进得去出不来，许多图书馆的标识到处可见，就连电梯里都有每一层的指示。

举例四，借阅是否方便？过去图书馆借书，每层一个借书口，读者如在馆内多处借阅则需多处办借阅手续，极不方便。现在许多图书馆馆内设立一个总借还书口，以减少办手续的次数；设立自动借书机，以满足自助服务；馆外设立还书箱或还书车，如在芝加哥市图书馆门前、马路边有两个大铁箱，那不是垃圾箱，而是还书箱，就是为了图书馆关门后读者还可以还书，今天这样的还书箱已经很普遍了，但如何更方便，还是图书馆人应该考虑的问题。

（六）人性化服务理念

图书馆的服务要以人为本，处处把人放在最重要的地位。

人性化服务是以尊重人、理解人为前提的，充分考虑人的需求，最大限度地给予人自由空间的服务。过去强调制度，现在强调人性化。制度是基础，人性化是方向，两者必须结合起来。

举例一，中山大学珠海校区图书馆给人印象最深的就是其"人性化服务"，馆内外处处充满了人性化的举措。进入大厅有醒目的指示牌、消防通道示意图、馆藏布局图和温馨告示，设有触摸屏；每层阅览室格局一律大开间，读者不仅不受到压抑，反而觉得豁然开朗，一整面的玻璃墙开阔而通透，一眼看到海景，真如美的享受；读者可带书包进入阅览室，阅览后的书刊不必放回书架，还备有自助式复印机，可谓方便；阅览室里书架都不高，桌椅也极为考究，书架与阅览桌错落有致，如同人在书海，书为人伴；阅览室还布置了很多鲜花，有长沙发，也有围绕柱子的沙发可供读者休息；图书馆中间的楼梯直通向后山的教学楼，犹如知识的通道和风景线；图书馆还对珠海市民开放，每位市民可持有效证件入馆阅览，入馆的读者感受到图书馆的周到服务。

举例二，香港城市大学图书馆，粗看不像图书馆，倒像一个家。图书馆门口一侧是镶嵌在墙里的还书箱，进入图书馆，借书、咨询和阅览如同超市应有尽有，阅览室里有各式各样的阅览桌椅，阅览桌旁边有沙发，还有小的圆桌，看报纸也行，看书也行，用电脑也行，都离得不远，每个阅览桌旁边都配有废纸篓；旁边的墙上还有很多挂衣服的地方，使读者感觉温馨。

从这两例看，人性化服务不是口号，而是具体的行动，是处处为用户着想，于细微处见真情的环境和方式。

（七）个性化服务理念

个性化服务是有创意的新颖的服务。21世纪初，上海图书馆提出"把我的图书馆送入千家万户"的个性化服务的创新理念，引起了全国图书馆界的共鸣。每个图书馆都可以推出特别的创意和特别的服务。

个性化服务是针对特定读者或用户需求的专门服务。如图书馆提供的推送服务、"My Library""送书服务""专家室""小组讨论室"等多种服务方式。针对特定读者群开展的服务具有个性化，如针对少年儿童的"放学到图书馆做作业"的服务、针对视障读者开展的专门服务、针对下岗职工开展的专门服务、针对城市农民工开展的专门服务，等等。以幼儿服务为例，香港中央图书馆的"玩具图书馆"专为0～8岁儿童而设，提供启发智能的玩具和教育材料供家长与子女在馆内使用，馆内设四个主题角：婴孩游戏区、模仿及想象游戏区、创意游戏区、智慧游戏区；深圳市盐田区图书馆亦有类似的"玩具图书馆"，特别受幼儿及家长的欢迎。

个性化服务也是紧密联系本地本馆实际的服务。以爱心伞服务为例，澳门大学的图书馆的门口摆了雨伞供读者雨天借用，读者需自觉地在两周或者更短的时间内还回来。中山大学备有几百把标有图书馆字样的雨伞，称为"爱心伞"，放在各馆供读者借用。如今这样的举措在许多馆得到了推广，南开大学图书馆也推出了"爱心伞"服务。考虑到南北方的差别，雨伞的利用率会有不同，如果每个馆服务都一样，就算不上个性化了。当然好的服务经验是值得推广的，在模仿或借鉴的过程中注入新的形式和内容，就体现了个性化。

（八）营销服务理念

将服务与营销联系起来，很容易产生将图书馆服务商业化的误解。实际上，是将服务营销的新理念运用到图书馆服务中来，借鉴营销的方法，扩大图书馆的服务，提高图书馆的服务质量和服务水平。引进营销的理念，不是销售书刊，而是做服务的策划，做服务的宣传，推广图书馆的服务，让服务深入人心。

在企业的服务营销理论中有一个"企业、员工和客户"的三角模型，引入图书馆可形成"图书馆、馆员、用户"的三角模型，两者在服务上有很大的相似之处。按照服务营销三角的三个承诺：内部的、外部的、交互式的，图书馆也可以做这三个承诺。无锡市图书馆就做了这样的服务承诺："读者第一，服务为本；操作规范，礼貌待人；及时整架，有条不紊；代为查找，为书找人；全年开放，天天办证；解答咨询，主动热情；保持安静，讲究卫生；简洁高效，方便读者。"当然图书馆服务营销不是简单的复制企业服务营销，而是与图书馆结合的服务升华。

图书馆营销服务观要落实到以下几个方面：一是突出用户和需求，确立服务的用户导向，以用户需求作为图书馆服务活动的起点，根据用户需求组织图书馆服务；以满足用户需求作为图书馆服务活动的终点，实现用户真正满意。二是确定图书馆服务市场和目标用户，构建理想的服务环境，提供优质服务，唤起潜在用户的需求。三是制定营销策略，可分为消除用户不满意的服务和增加用户满意度的服务两部分，在通常的营销服务中，增加用户满意度的工作要占大多数，如增加开放时间和阅览座位，增加服务网点等。但消除用户不满意的服务也很重要，如取消用户意见大的收费项目，解决到图书馆排长队的问题。四是以整体营销为手段，改变过去图书馆将内部加工二线与服务一线分离的格局，将图书馆的各个部门形成一个以服务为中心的整体，突出强调营销因素的合理组合，包括服务时间、地点、手段、人员等因素，实现最优组合。

（九）竞合服务理念

长期以来，图书馆服务虽从被动走向了主动，但由于缺乏竞争理念，服务没有活力。然而，竞争的环境使图书馆服务受到了挑战，继科技情报服务之后，网络信息服务又一次挑战图书馆服务。又由于图书馆服务已经超越了时空的限制，如果没有竞争意识，一些图书馆将在服务中失去市场和用户，并逐渐退出服务。

图书馆服务的竞争理念要求每个图书馆、每个图书馆馆员树立公平竞争的意识，通过竞争促进服务。目前图书馆的挂牌服务、馆员竞争上岗、服务比赛，在一定程度上体现了服务的竞争。而真正的竞争是争取读者和用户，例如，天津开发区泰达图书馆具有为企业、大学和社区服务的多种功能，离它不过10米处就是南开大学泰达学院图书馆，如果没有服务特色和服务质量的竞争，将直接影响着图书馆的生存与发展。

市场竞争的"白热化"导致了竞合时代的到来，并推演到各行各业。在通信业，有中国移动与中国联通、中国电信和中国网通的密切合作；在家电业，有万和与万家乐的"两万"公开的"亲密接触"；在软件业，有微软和SUN的和解、浪潮集团与甲骨文公司的"平台＋解决方案"捆绑营销。在今天竞争仍然存在以及合作竞争形式越来越受欢迎的形势下，图书馆服务更适宜接受竞争合作的理念，因为图书馆服务有着较好的合作基础，如资源共享、馆际互借、信息服务网络化等。然而，单纯强调合作共享，最终不能突破重复建设（如数字图书馆的大同小异）、服务的本位主义和"大而全、小而全"。只有树立竞争合作理念，图书馆就会一方面努力提高核心竞争力，另一方面选择竞合合作伙伴，增强合作共享的动力机制；只有在图书馆之间形成竞合关系，双方就能互惠互利，实现共赢。在馆内树立竞合理念，馆员们能够通过团队竞争、团队合作、优势互补，争创图书馆的服务品牌。

（十）创新服务理念

创新是当代社会的一个主题，创新是一个组织保持可持续发展能力的关键，创新是一个国家的灵魂。在全社会创新的环境下，图书馆服务也要创新，这关系到图书馆服务适应社会需要与时俱进，关系到服务质量和水平的提升，甚至关系到图书馆的长久发展。

图书馆服务树立创新理念，要求每一个图书馆人具有创新意识和创新思维，大胆提出与实施图书馆服务的新思路和新方法；要求每一个图书馆都有创新服务战略与对策，及时增添新的服务，在服务过程中快速应变；图书馆要努力营造创新的氛围，培育图书馆人的创新精神，实现服务制度、服务手段、服务方法、服务过程、服务网络等诸方面的创新。

以上图书馆服务的十个基本理念，集中突出一个"人"字、一个"用"字，表达的是社会的一种知识环境。特别重要的是，当代图书馆的服务不仅要改变图书馆和图书馆馆员的理念，还要改变读者或用户的理念。改变全社会的图书馆理念是图书馆服务的更高境界。

图书馆的十个服务理念，归根结底，还是坚持以人为本的现代化服务理念。以人为本是要以到馆的所有读者（包括网络读者）作为图书馆的服务对象，尊重读者的地位，维护读者的权益，以优质的服务满足读者的需求，让图书信息资源能通过读者为社会做贡献。以人为本服务方式坚持得如何，最能衡量图书馆的工作质量，是图书馆作用在和谐社会建设中充分发挥的体现。构建社会主义和谐社会，就是要营造和谐的人际关系，人与人之间关系和谐，社会才能和谐。所以，图书馆在和谐社会中的作用就是要不断坚持以人为本的服务理念，为读者提供人性化的服务，从而为和谐社会建设添砖加瓦。

第二节 图书馆服务的原则

任何服务理念都必须能够回答出以下问题：服务企业所提供的服务的重要组成要素是什么；目标分割市场、总体市场、雇员和其他人员如何认知这些要素；服务理念对服务设计、服务递送和服务营销的作用。根据这一观点，图书馆的服务理念要对图书馆的服务原则、服务态度、服务方式作出集中体现反映图书馆服务发展的客观规律。从而图书馆理念成为图书馆前进方向、奋斗目标的理论依据和行为准则。而在这其中图书馆的服务原则是图书馆服务理念最重要的内容。

一、开放性服务原则

开放性服务原则对于当前的图书馆来讲似乎已经没有必要，因为从 19 世纪公共图书馆开始普遍发展开始，图书馆对公众就实现了开放式服务。不过，早期的图书馆开放式服务与当前的开放性服务还有一些区别，那就是开放的内容和方式还有较多限制。现代意义上的开放性服务在早期开放式服务的基础上有所扩大。

首先，资源开放的全面性。所谓资源开放的全面性，就是指开放图书馆所有的馆藏文献资源储备以及馆内的所有能为读者服务的设备，使全馆工作人员都直接或间接为读者服务。

其次，时间上的全天候开放。最大限度为读者提供使用图书馆的便利条件，是图书馆服务的宗旨之一。一些发达国家公共图书馆不仅保证天天开馆，而且开馆时间也比较长，很多延至午夜。虽然目前国内图书馆很多做不到这么长的时间，但通过互联网的服务，也实现了 24 小时的文献检索和查询服务。这也在一定程度上延长了图书馆服务的时间。

最后，馆务信息公开。馆务信息公开指的就是图书馆要公开与读者服务相关信息。信息内容包括：图书馆工作的内容、职能、机构设置；图书馆业务范围内的工作流程、具体的职责范围；建立公众参与图书馆管理制度；涉及读者或用户的管理规定；受理投诉的部门和举报电话；对外服务的电话、电子邮箱等联系方式；图书馆工作的评价标准等一系列内容。

二、全面性服务原则

全面性服务原则在图书馆服务中的运用可以包括两个方面：一方面，根据读者需求得到的服务。当读者开始使用图书馆时，会得到全方位的服务。如，读者走进图书馆就会看到的各种指示标牌、图书馆工作人员的热心解答、根据读者需求得到的各种服务、获得的各种培训等。另一方面，对于潜在的读者需求，图书馆要在充分调研和分析的基础上，有针对性地引导读者和用户的需求，还可以通过宣传帮助读者或用户了解图书馆开展的新业务，从而开发他们的需求。

三、方便原则

方便原则也可称"便利原则"。主要指图书馆开展服务时要以为读者或用户提供方便为目标，节省他们的时间和精力，但不能影响他们接受服务的质量和效果。主要包括：

（一）图书馆选址要尽量选在交通便利的地方

美国学者索普进行的一项调查研究得出结论说，一个信息源在物理距离上越易接近，被利用的可能性就越大。按照这一成果，图书馆选址要在交通上方便读者或用户。目前，城市化改造在我国正大范围进行，在图书馆改造过程中，政府要充分予以关注，尽量给予政策倾斜，保证图书馆在空间位置上的便利。

（二）馆藏资源要方便读者使用

这也涵盖两方面的内容，一方面，图书馆要提供方便、快捷的检索方式，使读者能顺利地检索到自己需要的文献信息资源。另一方面，馆藏资源的摆放要方便读者使用。尽量减少读者获得所需文献的时间和精力。此外，图书馆要为读者尽量提供使用简便、操作容易的设备，使读者不需要过多的学习和实践就能掌握其使用方法。

（三）简便读者获得服务的手续

图书馆是公益性的服务性机构，应尽量为广大民众提供信息服务。图书馆要以欢迎的态度来迎接读者和用户，而不应该对读者设置各种障碍。一些有固定群体的图书馆，如高校图书馆在可能范围内也应为社会提供更多的服务，这样才能充分发挥图书馆的功能，也能把国家为图书馆投入的大量资金发挥到最大限度。

四、满意原则

读者对图书馆的满意是现代图书馆追求的最高目标。而读者对图书馆服务的满意评价是基于图书馆的服务质量。具体包括：文献信息资源的储备在数量和内容上是否符合读者的需求；图书馆工作人员对读者或用户的态度；图书馆工作人员拥有的解决读者问题的能力；图书馆为读者提供的必备设施和便利设施的完备程度以及图书馆对读者需求的反应速度、满足程度等都影响读者对图书馆服务的满意程度。针对这些内容，图书馆必须加强图书馆的各项工作，真正切实地将各项内容落到实处。如对文献资源储备的采购要通过多种手段征求读者的意见；对工作人员的服务态度要进行专业的培训；为了提高工作人员的专业服务能力要不断对馆员进行再教育；要对馆内设备进行维护，了解新增设备的功能，及时向读者讲授设备的使用方法等。

总之，除以上这些原则，还有些服务原则可以运用到图书馆服务中，如主动原则、省力原则、创新原则、科学原则、发展原则等。但这些原则，不过是对上述原则的扩充和细化。图书馆的服务还是应以上述原则作为图书馆服务的基本原则，做好读者的服务工作。

五、科学服务的原则

科学服务的原则就是指充分尊重读者的意愿，遵循图书馆工作自身的规律，以科学的思想理念、科学的服务态度、科学的方法和管理措施，组织管理一切读者服务活动。它主要包括以下几个方面的内容。

（一）科学的思想理念

科学的思想理念，就是指在图书馆服务工作中，始终坚持以开放服务的思想和以人为本的信念为指导，以方便读者、服务读者为宗旨，以开放的用户观、时空观、功能观为指南，以更加人性化、个性化、专业化、多层化、智能化和虚拟化的服务来满足读者多样化的信息需求，构建现代图书馆知识化、开放化服务的思想体系。

科学服务还要有整体的、全局的观念。图书馆的读者服务工作与其他工作之间既紧密联系又存在各自的领域分工。图书馆与读者之间，图书馆与图书馆之间，图书馆内各部门之间，以及读者与读者之间，始终存在着纵横交错的联系，可能发生着种种矛盾，如供与求的矛盾、借与还的矛盾、借与阅的矛盾、管与用的矛盾以及分工与协作的矛盾等。在服务工作中处理这些矛盾时必须站在全局的高度，以开发利用图书馆资源从而充分有效满足读者需求为依据，运用科学的思想理念来认识矛盾并不断解决矛盾。

（二）科学的服务态度

科学的服务态度就是实事求是，一切从实际出发，讲究实效而不拘一格的态度。无论是资源布局、机构设置、制度设计，还是工作流程、服务项目增减，都真正体现一切为了读者，一切方便读者，一切为了利用的服务精神。

科学的服务态度还要求在服务工作中要将需要与可能统一起来，将重点需求与一般需求、当前需求与长远需求结合起来，将数量要求与质量要求、考核指标与实际效果统一起来。既不单凭热情、主观愿望以及个人兴趣工作，也不片面追求数量、指标与形式，实事求是地进行科学服务。

（三）科学的方法

科学的方法是指在图书馆服务中形成的一整套先进、实用、有效的理论与方法，并在工作中不断改进和升华。图书馆要不断采用科学先进的方法来提高工作效率和服务质量。比如，通过改变以往单一的馆藏文献的外借与内阅服务模式，利用现代网络平台，提供各种数据库服务、知识库服务以及多种在线或离线信息服务，如信息推送、知识发现、网络呼叫、智能代理等服务。采用这些科学先进的服务方法能够同时提供实体馆藏服务与虚拟馆藏服务，极大地丰富图书馆服务的内容，强化图书馆服务的能力。

（四）科学的管理措施

科学的管理措施就是指在先进理论的指导下，采用科学合理的管理制度、先进的技术设备和服务手段为读者服务。

科学合理的规章制度代表着读者和图书馆的根本利益，是顺利开展图书馆服务工作的基础。科学的制度总是根据服务工作的需要，在不断地调整、修正和创立中发展的。比如，现代图书馆的主要特征是先进技术设备的大量应用，使得以往形成的工作流程、业务分工与规范和规章制度难以适应这种变化的要求，因此，科学的管理就要求现代图书馆全面审视过去的理论和方法，通过流程再造和制度创新，真正提高服务工作效率和服务效果。

第二章　新媒体环境下智慧图书馆建设与知识服务

第一节　智慧图书馆建设

一、智慧图书馆建设的主要技术
（一）感知识别层技术
1. 传感器技术

应用于智慧图书馆感知层的传感器，主要通过对信号或刺激的接收，使自然环境或生产领域中待测的物理量、化学量发生转换并输出。物联网环境下，传感器主要用于对物和机器的感知，目前主要有：作为视觉的光敏传感器、作为听觉的声敏传感器、作为嗅觉的气敏传感器、作为味觉的化学传感器，以及作为触觉的压敏、温敏传感器等，它们就像是机器的感官，通过这些传感器的使用，可以获得外界的信息。随着智慧地球建设进程的推进，传感器技术已在各行各业得到广泛应用，例如环境保护、远洋探测、家居生活以及医学监护等，都综合应用了多种传感器。

另外，传感器技术、RFID（Radio Frequency Identification，射频识别）技术都只是信息采集技术中的一种，不能等同于物联网。除了这两种技术之外，GPS技术、红外技术、激光技术以及扫描技术等，都属于物联网信息采集技术的范畴，都能实现自动识别、物物通信的功能。

2. RFID 技术

RFID（Radio Frequency Identification，射频识别）技术是利用射频信号，及其空间耦合、传输的特性，自动识别静物或移动物体的一种技术，目前多以芯片的形式存在。例如，通过对馆内图书、设备、建筑等嵌入 RFID 芯片，就可以减少人工干预，实时监管图书馆内的各项工作，并且根据反馈的实时数据，智能化地采取行动，实现自动化管理，节省资源，如自助借还服务、图书定位、自动盘点等。另外，还可以对读者进行芯片的嵌入，芯片中存储每个读者的个人信息，可以作为其身份的唯一标识，轻松通过馆内服务的识别认证，如借阅情况、学习记录等，都能通过此标识进行确认，为读者提供自助化、智能化的服务。同时，图书馆可以根据每个读者的标识信息，制定个性化的信息资源服务。

RFID 是图书馆智慧化的关键技术基础，在智慧图书馆中的应用非常广泛，如照明采光、安全认证、防火通风等，未来的智慧图书馆建设中，将会更多地用到 RFID 技术。但基于 RFID 需要植入读者标签，这将牵扯到读者隐私保护问题，因此这将是 RFID 应用建设中的最大障碍，需要后续技术的发展，以及政府出台相应的法律政策，保障读者权益，杜绝读者隐私的泄露。

3. iBeacon 技术

iBeacon 是苹果公司开发的一套开放性协议，通过低耗能蓝牙技术即蓝牙 4.0 的应用，由 iBeacon 基站发射信号，创建一个信号区域，当携带移动设备的用户进入该区域时，便可通过具备 iBeacon 功能的设备与应用方进行通信。读者携带具备蓝牙功能的移动设备，能够进行信号采集和数据汇总，计算当前坐标，依据指纹信息库将读者定位，然后向服务器发送请求，以获取位置服务。因此，iBeacon 技术的工作过程，大致可分为三个阶段，即连接阶段、数据采集阶段、定位阶段。其具体在智慧图书馆内的应用所实现的功能是：室内定位和室内导航。基于此技术，图书馆可以实现个性化的位置服务功能。针对读者，可对其进行精确定位，并基于其当前所在位置，进行信息推送、图书智能检索、向工作人员求助等，精度能达到 0.5m；室内定位、导航功能，比 GPS 更精准。针对工作人员，通过 Unity3D 引擎软件，构建图书馆的虚拟场景，实时获取读者信息、馆区信息，对全境实施动态智能监管。

目前，绝大多数的 iPhone、Android 新机，都可以作为 iBeacon 接收器或发射器，这将极大地方便智慧图书馆内人与人之间的交流，虽然短期内图书馆内诸多 iBeacon 技术应用的设想还不能实现，但 iBeacon 的时代也为时不远。

4. 智能卡技术

智能卡通常是信用卡大小，一种内嵌微芯片的塑料卡。嵌有 RFID 芯片的智能卡，不需要物理接触读写器，便可识别持卡人信息。另外，智能卡之所以智能，是因为卡内的集成电路，主要包括：中央处理器、可编程只读存储器、随机存储器，以及固化在只读存储器中的卡内操作系统。因此，智能卡可以在不干扰主机工作的情况下，自行处理大量数据，并通过对错误数据的过滤，来减轻主机 CPU 的负担，一般用于较多端口数目、较高通信速度需求的场景。

目前，智慧图书馆内应用的"智能一卡通"，大多是以智能卡技术为核心，通过计算机技术、通信技术将图书馆智能建筑内的设施互联，使其成为一个有机的整体。用户只需一张"智能一卡通"，即可实现最简单的钥匙、考勤功能，以及复杂的资金结算或操作某些控制，并可根据需要实时监控管理各部门，各局部系统、终端可自动收集信息进行归纳整理，以供图书馆系统进行查询和汇总、管理和决策。互联网环境下的智能卡，又可以相互沟通，不仅能实现独立的职能管理，而且可以保证一致的整体管理。例如，城市公共图书馆之间，通过智能一卡通，实现图书的通借通还，真正给读者的生活带来便利，是智慧城市中文化建设的重要组成部分。

（二）数据汇聚层技术

1. 数据汇聚技术

智慧图书馆感知层的微型传感器，通过自组织的方式，形成无线传感网络。通过无线传感网络，对馆内的环境、监测对象进行实时监测、感知以及相关数据采集，获取信息，进而为用户提供智慧服务。由于无线传感器网络存在局限，如有限的能量、有限的计算资源等，需要运用数据汇聚技术，以减少能量消耗，消除数据冗余，达到增加有用信息流、延长网络寿命的目的。

以数据为中心的路由协议，是数据汇聚技术的主流。根据所监测到的原始数据的特征、表现形式，以及未来应用的不同，在不同协议层对数据含义进行理解，汇聚数据，但一般容易丢失大量信息。如信息协商传感协议，主要是在传送数据之前，通过传感器节点之间的协商，不同节点的资源自适应，确保数据传输的效率和质量。在各个节点之间，通过发送元数据进行交流、协商，从而避免盲目使用资源，同时，相对于传输采集的数据而言，传输元数据又可极大地节省能量消耗。另外还有定向传播路由、基于簇的层次路由协议、基于平衡汇聚树的路由协议等，都可以达到数据汇聚的目的。

聚集函数，主要包括 COUNT（计数）、AVG（平均值）和 SUM（求和）等。由于感知层的传感器节点空闲时，多处于关闭状态，接到指令或监测对象出现时，才产生传感数据。因此，感知层获取的数据具有阵发性、持续性、不可预知性等特点，可以与流数据类比，处理方法也可参照流数据，即与事件相关的时空查询。

聚集函数的使用，虽然可以节省能量，但数据的原始结构发生很大变化，故存在一定的弊端。

2. Ad-hoc 技术

Ad-hoc 技术是一种点对点的模式，P2P 的连接，类似于直线双绞线。Ad-hoc 是一种特殊的无线移动网络协议，即在网络中没有中心控制结点，每个结点地位相同，形成对等式的网络，每个结点能够进行报文转发，并且具有普通移动终端的功能。同时，因为所有结点可以自由加入、离开网络，所以，某一结点发生障碍，整个网络仍能正常运行，即有较强的抗毁性。Ad-hoc 网络不依赖任何预设设施，而是在分层协议、分布式算法的基础上，各个结点协调各自的行为，结点开机后，会自动形成一个独立的网络。另外，不在同一覆盖范围内的结点通信时，只需要普通的中间结点的多跳转发，不需要专用的路由设备。

Ad-hoc 技术的主要应用有两个，即传感器网络、个人局域网。智慧图书馆中的传感器网络，多使用无线通信技术，但因为体积、节能等因素限制，传感器的发射功率一般较小，无法与控制中心进行通信。而分散各处的传感器作为结点，可以组成 Ad-hoc 网络，进而实现多跳通信。应用了 Ad-hoc 技术的个人局域网，可以实现用户平板电脑、手机等的相互通信，还可以像蓝牙技术中的超网，实现个人局域网之间的多跳通信。

3. 传感器中间件技术

中间件是一个软件层，介于底层通信协议、各种分布式应用程序之间，主要作用是使软件模块之间建立一种互操作机制，屏蔽底层复杂、异构的分布式环境，为上层应用软件提供运行、开发环境。基于感知层的应用特征，传感器中间件提供一种开发平台，主要用于隔离物理网络、上层应用。图书馆内的设备因为来源于不同的制造商，会造成通信协议、数据格式不同，为此可通过传感器中间件技术，提供统一的数据处理、网络监视，以及服务传送接口。面对图书馆感知层的复杂结构，以及大规模应用开发需要，中间件技术能够提供通用的视图、开发接口，帮助简化开发过程，进而提高效率。

在智慧图书馆的建设中，基于物联网的大规模网络构建，各类图书馆应用的开发，甚至整个中间体系结构，都要综合考虑开发需求和传感器的特点，即感知层不同传感器的特征，以及应用服务层所要实现的服务目标。同时，还要考虑中间件的模型、角色构建。图书馆内的传感器中间件技术，在物联网网关的支撑下，可以细粒度调整不同感知设备的功能，配置分布式应用。另外，通过节点的可编程性，以及任务的重新调度，使节点侧、网关侧相互关联，传感器中间件以其特殊的结构特点，能够以服务的形式满足这一要求。因此，传感器中间件技术在智慧图书馆建设中，发挥着承上启下的作用。

（三）网络传输层技术

1. 移动通信技术

随着便携式个人通信设备的广泛应用，图书馆用户对短距离的无线网络、移动通信有了更高要求，如无线局域网（Wireless Local Area Networks，WLAN）技术、蓝牙技术、Wi-Fi 技术，以及超宽带（Ultra Wide Band，UWB）技术、ZigBee 技术等，以其各自不同的技术特点，在需要的场合发挥作用。图书馆智慧性、泛在性的实现，必然离不开无线网络技术。

Wi-Fi 技术又可称为无线保真技术，是一个高频无线信号。目前，图书馆基本实现 Wi-Fi 全覆盖，且绝大多数的智能手机和平板电脑、笔记本电脑，都可支持无线保真上网。因此，图书馆用户通过携带的 PC、PAD、手机等，都可以通过无线进行连接上网，进而实现馆内各种用户数据的汇聚、整合。Wi-Fi 技术以其独特的优越性，已成为应用最广的技术之一。UWB 技术不同于带宽较窄的传统无线系统，如蓝牙、WLAN 等，UWB 能在宽频上发送低功率脉冲，因此具有较强的抗干扰性，并且在室内无线环境应用中具备很好的性能，同时还具有较高的传输速率，较大的系统容量等特点。ZigBee 是一种无线传输协议，ZigBee 技术具有可靠安全、复杂度低、功耗小、低速率时延短，以及网络容量大、成本低等特点，成为无线传感网络的关键技术。因此，电子设备之间的数据传输，特别是周期性、间歇性、低反应时间的数据传输，为实现短距离、低传输速率、低功耗的目的，多应用 ZigBee 技术。智慧图书馆内基于 ZigBee 技术的应用也很多，主要是用于实现馆内的智能消防监控系统。

目前，绝大部分图书馆已实现无线互联网全覆盖，并在此基础上推出各种移动服务，读者通过自己携带的移动设备，例如手机、笔记本电脑、平板电脑等，登录图书馆主页，使用图书馆的服务。生活节奏的加快，微阅读成为大势，各大高校图书馆的"手机图书馆""移动图书馆"也应运而生。SMS（Short Message Service）服务、WA（Wireless Application Protocol）服务、APP（Application）服务、网络广播服务等被读者所喜爱，并广泛使用。例如，中国国家图书馆的手机图书馆——掌上国图，不仅能够查看传播消息、公告新闻，还可以使用服务和资源。随着 5G 技术的稳步发展，未来图书馆中的服务建设，将更加地智能、多元。

2. 异构网融合技术

异构网融合是指电信网、互联网及广播电视网打破各自界限，在业务应用方面进行融合，并通过技术改造，使这三大网络的功能、业务范围趋于一致，从而实现网络互联、资源共享。智慧图书馆的物联、协同，是通过泛在网实现的。智慧图书馆的泛在网，主要包括两个方面：能够实现人、书、设备和场馆之间互联的物联网；能够实现服务参与方之间数据交换的数据互联网。智慧图书馆通过异构网的融合，实现多种网络通信技术的集成，进而实现任何时间、任何地点为任何用户，提供任何图书馆的任何信息资源的泛在智慧服务。

随着全国范围内异构网融合技术的发展和投入应用，图书馆建设中已出现成功应用异网融合技术的案例，如杭州市图书馆的"文澜在线"。异构网融合之后，一方面，图书馆用户可使用的上网终端将更多，用户对图书馆资源的访问，如数字文献、多媒体资料以及数字期刊等，不再受网络形式和地域限制，在任何地方都能通过多种设备访问资源。另一方面，不同网络间的互联互通，不仅使各部门业务上能够渗透合作，而且统一通信协议的使用，使图书馆资源的共建共享变得更加便利。

3. 虚拟专用网络技术

VPN（Virtual Private Network）是一种虚拟专用网技术，通过 ISP（Internet Service Provider）互联网服务提供商，和其他 NSP（Network Services Provider）网络服务提供商，利用隧道技术，遵循一定的隧道协议，在公网中建立私有专用网。通俗地讲，VPN 是指接入因特网的两个或多个机构，因所处地理位置的不同，通过对通信协议的特殊加密，在他们的内部网之间，建立一条能够通信的专有线路的技术。智慧图书馆运用 VPN 技术构建虚拟化的图书馆内部专线。

虚拟专用网络不同于公用网络，是对通信进行加密。信息化时代，知识情报变得异常关键，加之 VPN 低成本、易使用的显著特点，使得在企业网络中应用非常广泛。VPN 主要通过两个方法实现远程访问：对数据包加密，转换数据包目标地址。按照应用的不同，可将 VPN 进行分类，有远程接入 VPN、内联网 VPN、外联网 VPN 三种。针对图书馆内部存在大量的数字信息资源、设备资源，以及泛在环境下用户的个人信息等资源，并且不间断在用户与用户之间、用户与馆员之间进行流动，这就需要能够保证信息安全的专用网络发挥作用。

4. 数据管理与存储技术

智慧图书馆中数据的显著特征是：数据增长迅速，总量较高；开放性致使数据需 24×365h 保持就绪状态；完全开放，只受安全机制管理。为提供智慧化服务，图书馆需要建立各种关联数据库，用于存放不同来源和用途的数据。对于海量智慧数据的管理，需要基于语义网的内容管理、元数据存储和检索技术，以实现数据资源的智慧化。

语义网是一种智能网络，是一种个性化的网络，它不仅可以理解词语、概念，还能判断词语之间的逻辑关系，根据用户的喜好，自动过滤掉不可靠的信息，提高了交流的效率和价值，用户在使用中可以对其高度信任。目前，在语义网实现技术的研究中，RDF（Resource Description Framework，资源描述框架）、Ontology（本体）是研究的热点。内容管理不同于传统的资源管理方式，是基于组织机构内部资源的有序化管理过程，根据其格式、媒体类型的不同，进行组织、分类、管理。

元数据检索技术，首先按照文件要求，把数据资源划分成块进行管理，通过划分成固定大小数据块的文件，在 DHT（Distributed Hash Table，分布式哈希表）网络的节点上分散存储。元数据描述，不仅是系统的语义基础，更是数据资源语义化的基本方式。利用元数据收割工具，从图书馆系统节点中，将元数据采集并提取出来进行处理、整合，然后保存在元数据库中，通过元数据注册系统的使用、查询、映射、转换元数据，以便上层进行元数据检索。

（四）应用服务层技术

1. 云计算技术

云计算（Cloud Computing），是一种超级计算模式，因其云状的拓扑结构图而得名。远程云计算数据中心里，大量的电脑、服务器相互连接，形成一片电脑云，通过系统资源的划分，为需要处理资源的单位，动态分配计算机资源。作为一种新兴的共享基础构架方法，云计算的目的是实现更加安全、更低成本的 IT 服务。目前，在国外，有 IBM 和亚马逊等公司；在国内，有无锡软件园、中化集团等机构或公司，都成功建立了自己的云计算中心。

云计算最基本的特性是：虚拟化、整合化和安全化。面对大规模的数据存储，TB 甚至 PB 级别，需要具备海量信息处理能力，智慧图书馆利用云计算，可以轻松地进行智慧信息处理，而且对于数据的应用，能够灵活建立跨单位的语义关联，对用户终端发出的需求，进行智能化回复，用户无须了解复杂环境，便可简单、随意地利用资源。另外，云计算可以有效地解决"数字图书信息孤岛"问题，通过将数字图书资源置于云中心，形成一个数字资源的"虚拟资源池"，用户借助云计算，在虚拟资源池中进行检索，从根本上打破传统图书馆之间的"信息壁垒"。智慧图书馆作为海量数字资源的存储基地，云计算的出现，特别是云存储技术的应用，为其实现各种方便、快捷、高效的智能化服务，提供技术支持。

智慧图书馆应用云计算服务，如基础设施服务（IaaS）、平台服务（PaaS）、软件服务（SaaS）等，都可直接从云计算提供商处获得。分析当前学者们的研究可知，目前，云计算在图书馆内的应用，主要通过租用云计算服务，构建基于云计算服务的平台。因为租用服务，在提高图书馆计算服务效率的同时，能节省更多的人力、物力、财力等资源，充分提高了智慧图书馆的运作、服务效率，因此应用更为广泛。

2. 数据挖掘技术

数据挖掘，顾名思义是从一堆数据中挖掘出有价值的知识的过程。严格来讲，是从大量模糊的、随机的、不完全的数据库中，提取出人们预先未知的、有价值的、潜在知识的过程。数据挖掘的过程较复杂，但大致可分为主要的三个阶段：数据准备—数据挖掘—结果分析。数据挖掘的方法较多，如：关联分析、预测建模、聚类分析、异常检测等。另外，对于同一个挖掘方法，又可以有多种算法，因此实际应用中就较灵活、多变，具体问题具体分析。大数据环境下，海量的数据资源，使得数据挖掘技术成为公司企业、单位机构发现知识的重要工具。

图书馆作为大量信息的存储机构，随着信息技术的应用，图书馆内的资源变得更加丰富，智慧图书馆环境下，不仅有知识资源，还有用户的身份信息、借阅记录等，这些都属于结构化的信息。另外，还有用户的行为痕迹，如检索方式、存储行为等，这些属于半结构化或非结构化信息。但无论是结构化、半结构化，还是非结构化数据，都是静态存在的资源，要实现智慧化、泛在化，就要通过数据挖掘技术，将各种数据动态串联，以挖掘其深层次的价值。例如，运用数据挖掘技术，综合分析用户的学历、年龄，以及检索历史、借阅情况信息，可以判断用户的阅读偏好，可主动为其推送满足用户喜好的信息，提供个性化服务。还可通过数据挖掘技术，分析有相同偏好的用户群，进而向该群体主动推送书目信息，变"一人独占"为"群体共享"。此外，对新注册的用户，按照其年龄、专业等信息，推断其可能感兴趣的书目，并主动推送或方便用户分类定制、个性化检索等，使图书馆服务变得智慧化、个性化。图书馆运用数据挖掘技术还可研究其用户群的变化，预测未来发展等，以便及时作出决策。

3. 主动推送技术

信息推送技术，是遵循一定的技术标准或协议，以用户为中心，根据用户在终端设置的个性化需求，服务器主动将符合要求的信息，发送到用户终端供用户随时查看、使用的技术。因此，信息服务方式有较强的主动性，服务内容有较强的针对性。

在传统邮递服务的基础上，在 Web 信息传送中引入"订阅"概念，是信息推送技术的一大特点，通过用户的订阅，主动为用户传送数据。信息推送服务系统由三部分构成：①用户需求管理数据库。根据用户填写信息需求表，由服务器进行统计分析，建立用户需求数据库。②信息数据库。建立信息库，根据用户需求从 Web 上收集信息，并分类、整理，制定个性化的信息标准，确保信息都能依照标准进入信息库。③服务器信息推送（PUSH）。作为第三代浏览器的关键技术，能有效缓解信息过载。

不同于传统图书馆的被动服务，智慧图书馆最大的特点之一是主动服务，这就离不开信息推送技术的支持，且推送的信息不仅专业性极强，而且有较高的专制性、针对性，在提高图书馆资源使用率的同时，又能够减轻网络传输负担、扩大用户范围，实现真正意义上的泛在服务、智慧服务。

4. 机器人技术

机器人是一种能够自主控制、自给动力执行任务的机器，是人工智能的一种。它综合运用了多种学科，如仿生学、机械电子科学，以及材料科学、控制论理论、计算机科学等，是将科学技术应用于实践的产物。

目前，根据各行各业的需求，具备不同功能的机器人应运而生，有适用于军事活动、工业生产的，也有适用于医疗救助、农业劳作的。机器人的投入使用，不仅节省了大量资源，更以其高的工作效率取得了显著效果。图书馆也在发展变化中应用此技术，虽然尚未有较成熟的机器人技术应用，但机器人技术的引入，必将提高图书馆的智慧化程度，减少馆员劳动量、劳动时间。例如，在保安保洁岗位、迎宾岗位，以及报刊信件签收分发、信息咨询等，设置具备相应功能的机器人，解放馆员劳动力的同时，还起到事半功倍的效果。但是，任何事物的出现都有两面性，机器人引入图书馆各项工作中，虽然能带来便利，但会造成一定的经济、社会问题，因此也需要考虑其解决措施。

二、智慧图书馆建设的原则及内容

（一）智慧图书馆建设的原则

1. 标准化和规范化原则

智慧环境下，图书馆信息的采集和加工，传播和利用，都是以网络为依托的。"无处不在"的互联网，对于图书馆建设的便利性是不言而喻的，但若要形成全国范围内的图书馆事业体系，甚至全球范围内的共建共享，统一的标准和建设规范是必不可少的。由此可知，标准化和规范化会直接影响智慧化建设。例如，国际上通用的数据格式标准规范，统一的网络通信协议，符合行业标准规范的设备等，统一的标准、协议、规范，以及可兼容的软硬件，在数字资源系统建设、技术平台构建、信息服务系统开发等过程中，都是至关重要的，在图书馆系统互联互访到其他系统的智慧化建设中，发挥着不可替代的作用。换句话说，智慧图书馆的未来建设，及其功能服务更好的实现，必须建立在统一的标准、规范基础之上。

2. 开放性和集成性原则

未来智慧图书馆的发展，将为读者提供智慧化程度较高的个性化服务，同时，读者能够互动式或自主式地参与图书馆的服务与管理。在移动互联网的基础上，信息的创建和处理，传输和搜索，都会达到难以想象的高效和便捷，图书馆员不再是唯一的信息制造者和发布者，读者也将成为信息数据的创造者，使得信息的扩散更加迅速，信息在"图书馆—读者"之间的流动更加快速而直接。智慧图书馆为用户提供的微信互动、微博分享，网上联合知识导航站，以及电话预约、就近取书等服务，降低了图书馆的进入"高度"，使馆员与读者，读者与读者，馆员与馆员之间能够自由互动、协同参与，在图书馆的管理和服务中，读者可直接或间接地发挥作用。

智慧图书馆是在云计算技术、物联网技术的基础上，实现各个文献信息机构之间，不同类型文献之间，跨系统应用集成，跨部门信息共享，跨媒体深度融合，实现文献感知服务和集群管理。

3. 共建性和共享性原则

全国范围智慧化图书馆体系的建设，仅靠一个图书馆的力量是有限的，一个图书馆短时间内很难完成智慧资源建设。通过几个图书馆之间的信息共享，可短时间内丰富馆藏资源，最大化地满足用户需求。由此可知，作为个体的图书馆，若想要尽快实现泛在化、智慧化建设，必然需要与其他馆合作，通过共建共享，贡献自己力量的同时，也获得更多其他馆的馆藏资源。

4. 智慧性和泛在性原则

图书馆的智慧化、泛在化主要体现在：①服务时间和服务空间：无线网络技术的发展，更加智能的自动化服务系统的出现，实现了在网络所覆盖的地区，都能体验到图书馆服务，且为连续 7×24h 的服务。图书馆用户通过终端设备，可以不受时间、地点限制地享受数字资源、服务。②服务对象和服务模式：随着移动通信技术的发展，图书馆的服务模式势必要发生改变，其可以为所有连入网络的用户主动推送资源、服务，并且不再仅限于到馆用户，每个人都能公平地获取所需资源和服务，真正地扩大图书馆服务对象的范围。③服务内容及服务手段：泛在环境下，图书馆之间资源的共建共享，使得图书馆用户获得资源服务不再仅限于本馆的馆藏，而是通过整合不同平台的资源，如共享资源中心、互联网和开放知识库等来获取资源服务。同时，对信息加以归纳整理、去伪存真，然后供用户使用，可以大大提高数字化资源的利用率。

由此可知，随着时代背景和技术环境的变化，图书馆的建设发展务必要遵循智慧化、泛在化的原则，只有这样才能真正体现图书馆的社会价值。

（二）智慧图书馆建设的内容

随着社会的数字化、网络化发展，各种挑战接踵而至，图书馆就要不要转型、如何转型，一直面临着各方面的压力。换个角度，社会的发展，也为图书馆开创了一个前所未有的时代，包括传统的馆舍、资源建设以及服务创新、合作共享、数字平台建设、阅读推广等，都是图书馆的崭新成果。

1. 图书智能分拣、盘点系统

RFID 标签的使用，改变了传统的图书馆工作流程，配合 RFID 设备的使用，图书馆管理数据流的业务流程为：采编—分拣—盘点—借阅。图书进入图书馆后，要先进行分类编目、标签工作，后由自动分拣系统分配上架，供读者借阅。读者通过自助借还设备借阅、归还图书，分拣系统对归还图书进行整理，后直接分配、上架。另外，由于每本图书都有专属的 RFID 标签，图书的清点工作便变得简单，管理员可通过 RFID 读写装置自动清点，并实时更新图书的存放位置，清楚图书的在架情况。目前，国内图书管理系统研究较成熟的是深圳市远望谷信息技术股份有限公司，其具备不同功能的 RFID 设备，已在全国三百多家图书馆投入使用。

2. 馆内自助系统

（1）自助借还一体机

自助借还一体机是射频识别技术的一种应用，通过自助借还系统，读者不再局限于服务台办理图书借还，而是读者自助进行操作的一种设备。拥有图书馆智能卡的用户，借书时只需将智能卡片、待借图书放在各自的感应区内，由自助设备自动扫描识别，读取卡片上用户的个人信息、书籍信息，然后用户核对信息并确认借阅，即完成整个借书过程。相对于借书过程，读者的自助还书过程更加简单快捷，只需点击自助设备显示屏上的"还书"，后将所要归还图书放置感应区，然后确认信息并归还，无须出示借书卡。另外，可同时借还多本图书，自助借还系统可 24 小时连续服务。自助借还设备的使用，不仅方便读者，减少馆内工作量，更提高了图书的流通速率、图书馆的服务品质。

（2）座位预约系统

座位预约系统同样是 RFID 技术的一项应用，实现了图书馆内用户与设备的互联。在每把椅子中植入重量传感器，通过馆内的无线网络，发送是否空闲的信息，控制中心汇总所有信息，在显示屏上以图像形式展示，读者可到馆预约，也可通过"我的图书馆"在手持终端预约。座位自助预约系统是图书馆智能化、人性化的体现，用户可根据喜好预约。但对于恶意预约用户，通过限制预约权限、减少借阅数量等形式进行惩罚，以杜绝此行为的出现。

（3）图书馆多媒体终端机

读者自助操作，进行图书馆导航，以及书目检索和报纸期刊的阅读，还能用来宣传展示图书馆。

（4）自助打复印一体机

用户可根据需要，进行自助打印、自助复印，也可将自己需要的纸质图书资源，自助扫描到自己的邮箱，并可通过网络，完成异地打印。

（5）触摸屏阅报机

馆内配置多台触摸屏阅报机，供读者阅读报纸、期刊，并能够进行图书馆 3D 全景地图导航。

3. 智能管理和安全系统

（1）综合能耗管理系统

在智慧城市的大背景下，智慧图书馆的建筑主体务必要达到环保、节能的标准。综合能耗管理系统通过在图书馆内部相关设备内嵌入传感器，以便实时控制整个图书馆的内部环境，包括空调、照明、给排水等，在确保读者人身安全的同时，为其营造舒适的阅读环境，并对馆内设备进行在线监控，确保其最佳运行状态和最低能耗。综合能耗管理系统还可以根据图书馆所处的地理环境，选择绿色环保的建材，并充分利用气候因素，实现智慧图书馆的安全、节能。

（2）图书安全防盗系统

图书安全防盗系统包括RFID、磁条双重防盗系统。合法借阅的图书，须满足三个条件，即EAS防盗位、EPC编码字段中的标签类型位、消磁。联网状态下，对图书实时监测，如有不符合以上三个条件的图书，系统将进行声光报警；脱机状态下，此防盗系统可以实现离线报警。如北京超讯科技公司开发的，适用于大型图书馆或书店的EM-2005电磁波防盗系统，灵敏度高、盲区小、功耗低、寿命长，并能实现多通道联机使用，各通道之间还可以实现单独报警，其采用全数字调制技术，配合微电脑控制技术，具有较强的抗干扰能力，因此，能够很好地避免金属干扰引起的纠纷。

（3）智能门禁系统

智能门禁系统一般由门禁控制器和门禁读卡器、门禁管理软件、电控锁和开门按钮，以及管理电脑和门磁等主要部件构成。具备联网功能的智能门禁系统，在集成安保系统的同时，还能集成报警系统。例如，图书馆内因为异常发出火警警报，一方面，门禁系统自动打开消防门、其他安全出口；另一方面，消防门上的电控锁，能够实现火灾时断电，为馆内人员提供逃生路径。

4. 移动服务建设

进入21世纪，随着互联网和信息技术的发展，移动服务方式从短信服务发展到网站服务，再到移动APP服务；服务载体从普通手机发展到智能手机、电子阅读器、平板电脑等，用户可以随时随地，接受或访问图书馆的数字化服务。总的来说，移动服务是图书馆事业上的一次移动革命。

智慧图书馆广泛互联互通的特点，使其能够实现手机、阅读器、IPTV（互联网协议电视技术）等之间的无缝对接。以手机、平板电脑等移动设备为载体的手机图书馆，通过无线上网进行信息的双向传播。基于4G、5G手机高速浏览网页的功能，图书馆与数字图书馆之间可实现连接：借助移动短信咨询平台、移动阅读和交流平台，以及网络信息浏览平台，为读者提供书目查询服务，图书的续借、预定和到期提醒服务，参考咨询、读者荐购、个性化定制及移动阅读等服务。读者可以使用手机进行操作，随时随地进行书目检索，图书预约、续借和到期查询，从而获取图书馆的公告信息和讲座预告信息，简单方便。通过相应接口的开发，利用数字图书馆与数字电视的交互，实现二者的互联。用户只要在家通过电视，就能对图书馆的图书进行预约、续借、查询借阅信息，阅读馆藏电子书刊，观看视频公开课资源。

5. 智慧空间重构

互联网时代，以安静的阅览室为主体的图书馆结构，已经不能适应用户的需求，在世纪之交，开放获取运动应运而生。由此，不仅推动了信息的开放和共享，也促进了图书馆管理与服务的转型，催生了信息共享空间（Information Commons, IC）的发展，这对于图书馆来说，无疑是一次转型的机遇。全球范围内，在信息共享空间的引领下，出现了图书馆空间再造的热潮。

信息共享空间是一种创新服务模式，以促进图书馆用户交流、学习、协作和研究，培育用户信息素养为目标。信息共享空间可以从以下两个方面进行解释：①一种独特的在线环境。该环境下，用户可通过网络工作站上的搜索引擎检索馆藏及其他数字资源；同时，通过用户界面，便可获得多种数字服务。②一种新型的物理设施和空间。它是一种新的信息环境，可以是图书馆的某个部门，或某一楼层，或独立的物理设施；在数字环境下，整理管理工作空间、提供服务，并在第一种模式的基础上，增加了图书馆员的服务。

6. 泛在智慧服务建设

图书馆文献服务，是以文献载体为主；图书馆信息服务，是以信息传播为主；图书馆智慧服务，是以知识传播为主；相比之下，图书馆智慧服务，以用户的智慧生成过程为中心，以智慧创造为目的，培育用户运用、创新知识的能力，根据用户的需求偏好、心理认知，为其提供个性化服务。例如，图书馆用户进行资源检索时，图书馆不仅能反馈原始信息，还能快速分析检索结果，组织成综述、研究报告，供用户参考使用，并能按照用户需要的格式，从多种形式的用户终端导出。

泛在网络环境下的图书馆，一改传统服务模式的局限，使服务定位从用户的角度出发，进行服务拓展，使信息资源占有力、信息检索效率得到重点提高，更重视用户的个性化需求。智慧图书馆将服务融入学习和科研中，通过移情感知，获得用户的原始数据，利用数据挖掘技术，获取隐性知识，主动为用户提供个性化、集成化的泛在服务。

情景感知服务。移动环境中，通过智能终端，使用移动传感设备，例如，RFID、蓝牙、GPS等，采集读者的原始情景信息：通过读者登录时的账号，感知和捕捉其所处位置，借阅记录和偏好等的动态信息，并进行分类和过滤处理。

订制服务/聚合服务。订制服务（RSS 服务），是基于 RSS 即信息聚合技术开展的个性化服务。RSS 具有过滤信息，聚合信息，推送信息的功能，因此在图书馆的具体应用中有新书通告、电子期刊 RSS 服务、读者个性化信息的定制服务等。

推送服务。根据用户信息需求，智能分析用户请求，通过数据挖掘等分析技术，实现主动推送。基于图书馆泛在云平台，通过语义关联技术，依据用户的历史访问记录，记录用户的关注领域，进而推断其喜好特征，并建立需求预测模型。通过电子邮件和 RSS 等手段，向用户推送动态科研信息。

预约服务。包括纸质资源和数字化资源的预约，自习座位、研讨室等其他移动设施的空间和设备预约，以及培训预约等。

7. 智慧机器人

按照系统功能的不同，图书馆智慧机器人服务大致可分为以下四种：

（1）机器人与立体仓库的结合应用系统

用于提高大型图书馆的自动化处理能力，如自动存取中心（Automated Retrieval Center，ARC）概念、机器人堆叠书库管理系统等，主要用于完成图书的存取。ARC 系统虽然工作效率和自动化程度非常高，但存在缺陷且造价昂贵，很难推广。截至目前，我国图书馆中还没有这类设备。

（2）图书搬运机器人系统（AGV）

具有代表性的是德国洪堡大学图书馆的 AGV 系统，可以完成图书的分拣、上架，但该系统成本较高；日本大阪市立大学图书馆的 AGV 图书馆机器人，价格低廉，工作效率高，但只能完成图书的搬运、放置等简单的重复性工作。

（3）全自主智能图书存取机器人系统

能够自动完成图书搬运与存取，上下架、整理等一系列操作，智能化、自动化程度较高，目前尚处于研究探索阶段。

（4）智能参考咨询机器人

大致可分为：数字参考咨询软件，IM（即时通信）软件，用户定制软件。IM 软件，如清华大学图书馆的智能"小图"、上海交通大学图书馆的"小交"，因其成本低廉、交流便捷、用户基础广泛等特点，一经推出便备受欢迎。

第二节 知识服务分析研究

一、知识服务的模式

图书馆知识服务是指图书馆利用各种信息资源、人力资源和现代信息技术设备，以用户信息需求为导向，参与用户解决问题的过程，为广大用户提供知识产品或解决方案，满足他们知识创新和增值的新型服务体系。[①]由于泛在知识环境的产生，可能将使得泛在图书馆成为未来社会知识基础设施的重要组成部分，这将意味着要进一步变革知识服务模式的发展形态。图书馆知识服务模式和图书馆知识服务具有以用户为中心、面向知识内容、贯穿用户信息活动始终的集成化、增值化、创新化、学科化、个性化、多元化的服务特征，是伴随着知识经济发展和用户知识需求变化而发展起来的，它是以信息服务为基础的高级阶段的信息服务形态，在数据获取、处理、利用等方面都发生了质的飞跃。知识服务作为一种新兴的服务模式越来越受到图书馆的重视与认可，并在积极实践与探索。

（一）个性化服务模式

个性化知识服务是指能够满足用户个体知识需求的一种服务，即图书馆在与用户交互过程中，收集用户的兴趣、专业特长、信息需求等信息，并根据这些信息为用户传递所需知识和服务的过程。个性化知识服务是图书馆以对原有信息或知识的搜集、组织、分析、重组后形成的知识为基础，根据用户的问题和环境，融入用户解决问题的过程之中，提供有助于用户个人的、有效力地支持知识应用和知识创新的服务。如：协助用户开发个性化信息资源系统，为用户建立个人主页，提供专门的系统界面和超级链接，为用户个人搜集、组织、定制个人需要的信息资源等。"我的图书馆"（My Library）是一个用户可操作的个性化收集、组织网络知识资源的服务平台，用户与馆员的交流平台有 BBS 论坛、Blog 等。服务方式的实现主要是根据用户需求设定，通过对显性知识和隐性知识的搜索、检索和获取，进行知识的组织、匹配、传送、利用，鼓励知识共享和知识创新。

---

① 麦淑平．图书馆知识服务模式研究 [J]．图书馆建设，2010（6）：72-75．

（二）学科化服务模式

学科用户需求特点主要是在专业信息内容方面，希望能获得针对性更强、专指性更高、更方便的基于专业内容的服务。图书馆应该组织学科馆员专门负责对学科的需求分析、信息检索、参考咨询和课题服务。学科知识服务平台应包括学科知识门户、学科导航、学科知识库、信息资源库等。学科知识服务智能化平台应该是由需求驱动的，学科化、知识化和个性化的智能平台，是学科知识服务系统的外在表现形式。该平台建立在学科知识库、特色资源数据平台之上，与个人数字图书馆、个性化信息环境相连接，将个性化服务嵌入到用户信息环境中，全面落实学科化、知识化、个性化、智能化的服务目标。学科知识服务对于整个学科知识服务系统来说，有一个重要的环节，就是对服务产生的知识记录加以积累、整序，按学科门类组织形成知识库。随着学科知识服务学科的细化、内容的深化以及方法的变换，学科知识库中的内容也会不断更新、完善和优化。对学科知识库的组织与管理要重视知识管理思想与方法的运用，包括各学科的显性知识、提问结果和最终形成的知识产品记录，还有与检索结果相关的隐性知识内容等。要建立学科馆员制度，学科馆员参加学科知识服务的各个环节，是学科用户与图书馆之间的互通桥梁，用户通过知识服务平台享受服务，学科馆员通过这个平台向用户提供服务。

（三）数字参考咨询服务模式

数字参考咨询服务主要形式有：①实时交互式参考咨询服务，即馆员在网络上通过文字、图像、语音和视频与用户进行面对面的交流，是一种全新、高效的参考咨询服务方式；②异步式参考咨询服务，即用户和专家的问答是即时的，目前主要采用电子邮件、电子公告、留言板等方式实现服务；③专家式参考咨询服务，即图书馆将难以解答的专业性较强的问题送交学科专家，由专家解答，再由馆员将答案发布传送给用户；④合作式参考咨询服务，这是指由多个图书情报机构联合形成的分布式虚拟参考服务网络，它以庞大的网络资源和众多机构的馆藏资源为依托，以全球网络为桥梁，以各机构的资深参考咨询馆员和学科专家做后盾，通过数字参考系统，为在任何时间、任一地点提出问题的任何用户提供参考服务；⑤创新型参考咨询服务，是指不再以规范化的信息资源收藏和组织为标志，而是充分利用和调动馆员的智慧进行问题的分析、诊断、解决，直接支持用户的知识获取和知识创新。主要形式有：超越用户需求的参考咨询服务、智能化集成化的参考咨询服务、知识创新研究的参考咨询服务。

(四)知识管理服务模式

即从用户目标和环境出发,进行知识的获取、加工、管理。包括:对外部知识的跟踪、搜索、检索;对内部知识尤其是隐含知识的跟踪和捕获;利用信息技术和数据库技术,按照某种体系结构将分散的大量原始信息进行科学整理和组织,编制专题性的、研究性的导航库;在知识组织的基础之上,系统采集所需的各种层次和范围的知识信息,进行深层次加工,寻求知识间的内在联系,通过智力劳动形成具有独特价值的知识方案和知识产品;通过知识挖掘,对信息进行精简、提取,发现隐含在信息中的有用知识单元,并使之序化,以便于人们识别和理解知识;在纷杂的信息流中发现新的知识点及知识间的联系,将其组织到数据库中,并使用户能方便地检索有关数据与知识;进行知识交流和知识匹配传送管理,通过数据库、计算机群件系统等方法,促使用户的知识更方便地被其他用户所知晓和利用,促进用户间及时广泛地交流和共享知识,促进知识寻求者与知识源之间、知识寻求者与知识提供者之间的及时准确的匹配和传送;运用智能化手段,将蕴藏在大量显性信息之中的隐性知识进行挖掘,如各大数据库的期刊引文等,开发人们头脑中的隐性知识,将隐性知识显性化,并给予管理和利用。图书馆可以借助一种特殊的软件系统,该系统能够根据用户事先向系统输入的信息请求,主动地在现有资源中搜索出符合用户需求的主题信息,并经过筛选、分类、排序,按照每个用户的特定要求,对用户进行定向服务、专题服务和跟踪服务。

(五)自助性服务模式

用户自助服务模式,是建立在图书馆完善的知识服务系统和用户较高的知识素养及较强自我服务能力的基础之上,要求用户的需求问题比较直接、具体。用户通过图书馆先进的技术平台所提供的标准化服务和解决方案,自行检索和简单分析即可得到问题答案。具体的服务方式主要有一站式检索系统、"My Library"等。这种模式可以作为知识服务的基础模式。知识服务是一个连续性的贯穿于用户研究过程始终的过程性服务,而不是一次性服务,需要与用户保持良好的沟通以便完成自身使命;知识服务是基于导向性的服务,以用户需求为基点,又不仅仅被动地尾随用户需求,要主动根据用户需求提炼出用户潜在的需求,促使用户需求明朗化,便于提供及时便捷准确的知识服务。因此,可以认为自助性知识服务模式使得图书馆可以节省大量人力投入到更高层知识处理中,用户也可在自我服务过程中不断提高知识获取和转化能力,最终实现双赢的效果。

上面所讨论的几种知识服务模式各有特色,但有时还不能完全独立地满足用户需求，有效的知识服务模式并不是单一独立的，有可能是上述各种模式的动态选择与组合。图书馆的各种知识服务模式都必须做到了解用户的真实要求，极大地满足用户的独特需要，为用户提供适时的、系统的、高智能的服务模式。

二、图书馆知识服务模式的发展趋势分析

网络成为人们获取、处理、存储、检索、传递和利用知识资源的重要平台，作为知识交流连接点的图书馆是满足用户知识需求的重要保障。图书馆如何开发新的知识服务能力和服务机制，将知识服务无缝地、动态地、互动地融入用户获取知识过程中，是图书馆未来发展所面临的重要课题。在泛在知识环境快速发展的背景下，泛在图书馆将应运而生。泛在图书馆是指无所不在的图书馆，即任何用户在任何时间、任何地域均可获得任何图书馆的任何信息资源和知识资源。泛在图书馆的构建成为泛在知识环境中最具特色的关键环节，正如2006年IFLA（国际图联）报告中所讲的那样："未来数字图书馆定位于提供'泛在知识环境'，提供普遍访问人类知识的工具，就如同无所不在的以太（Ether）一样，成为学术、研究和教育须臾不可或缺的公共设施"。[1]图书馆必然要提供泛在知识服务，"泛在知识服务"正在向我们走来，这一全新的服务理念，将成为图书馆知识服务的未来发展新趋势。泛在知识服务强调以用户为中心，将服务嵌入到用户科研和学习中，为用户提供无障碍、到身边、即时的服务，它具有网络化、全天候、开放性、多格式、多语种、全球化的特点。"泛在知识服务模式"的实现，必将为科研创新、教育创新和知识创新提供前所未有的坚强支撑，为人们开创出一个全新的、更先进的开放、有序、动态和高效的知识存取、交流、共享空间。泛在知识服务平台是一种智能化的泛在技术系统，通过无线网络同用户的各种智能通信设备连接起来，将知识服务延伸到全球的各个角落，在用户和图书馆之间保持全天候的知识交流环境，极其方便地使用户获取知识服务。为用户构建一个智能化的泛在知识服务平台，是泛在图书馆的努力目标，这个服务平台是知识资源、应用环境、用户群体和馆员共同构成的动态系统。目前，泛在计算技术的实现主要有三种模式：即移动便携模式、数字设备模式、智能交互模式，泛在图书馆知识服务的技术实现也可以借鉴这三种模式。

---

[1] 陈利涛，赵国忠.图书馆知识服务的特点及模式分析[J]，图书馆学刊，2010（9）：11-14.

（一）移动便携模式

主要是通过将移动泛在智能设备嵌入到人身上，如手机、小型计算机、麦克、摄像头等，随时实现与泛在图书馆服务系统的知识交互。泛在图书馆移动知识处理装置承担局域网和用户之间全天候、全方位的知识服务重任，可将知识服务推送至用户身边。5G时代的到来使手机成为互联网中的重要节点，5G手机将无线通信与互联网合为一体，为知识服务增加了新的途径，以手机作为泛在图书馆知识服务的用户终端具有十分广阔的发展前景。随着移动技术和泛在技术的快速发展，极大地提高了图书馆的知识服务能力，使泛在图书馆服务的时空范围不断扩大，直至实现全天候全球性的知识服务目标。在未来泛在技术环境下，借助于无处不在的网络支持，用户可以轻松自在地通过无线连接技术，获得各种知识服务，且享受知识服务的环境是开放的、无线的、移动的。

（二）数字设备模式

这种模式是将数字电视、计算机、知识访问设备和智能控制系统集成到用户的学习、生活和工作环境中，通过这些设备随时获得图书馆的知识服务。泛在数字设备模式强调嵌入知识环境中实现知识获取，以体现泛在图书馆"服务主动""服务不受时空限制""服务不为人所知"理念的实现。

（三）智能交互模式

这种模式是将多种智能泛在技术设备嵌入到用户活动空间中，利用智能软件辅助用户获取知识的过程，增强知识获取的准确性。通过智能软件的协同工作能实现对用户获取知识行为、心理的智能判断，从而协助知识获取者实现最佳的知识获取途径。泛在智能软件嵌入了多种感知的计算设备，它通过智能系统营造出理想的服务氛围，达到用户预期的获取知识效果，并可以进行"傻瓜化"运作，将复杂的挖掘过程简单化，进行智能化筛选重组，优选出最佳的知识元数据组合。泛在智能交互模式是以特殊的知识管理形式来表现出超凡的本领，并通过知识处理来适应和满足用户的知识需求。

第三节 数字图书馆知识服务的特点

一、数字图书馆知识服务分析

（一）知识服务是以用户为中心的服务

传统的图书馆服务理念以馆藏为中心，重藏轻用，以利于文献的收集管理为重心，不注重用户使用的方便性。而知识服务则是以用户为中心，文献工作者必须站在用户的角度思考问题，以用户的需求为工作导向，以用户满意水平为工作绩效衡量标准，树立全面服务意识。

（二）知识服务是提供解决方案的服务

知识服务致力于提供问题的答案、解决方案乃至决策，重在帮助用户解决问题。用户能通过知识服务得到经过深加工的更具价值的内容，这就要求知识工作者具备宽广的眼界以及知识收集能力、分析能力和驾驭能力。

（三）知识服务是以知识管理为基础的服务

数字图书馆知识服务是在知识管理的知识捕获、组织、开发和共享等一系列活动的基础上开展的服务，只有基于知识管理的知识服务，才能够通过对现有知识的充分利用产生新的知识，满足用户的需求。

（四）知识服务是主动服务

知识服务不是用户问什么就答什么的服务，而是能通过与用户的交流过程挖掘用户更多需求并满足这些需求的服务。当用户不能准确表达自己的需求时，知识工作者能帮助用户准确定位需求；当用户的需求发生变化时，知识工作者也能根据需求变化提供及时跟进的服务方案；当用户有潜在的需求但自己又未意识到时，知识工作者需要利用自己的专业素质帮助用户快速地找出需求，并满足需求。

（五）知识服务是现代化服务

知识服务是利用计算机和网络等现代信息技术开展的服务。除服务提供的内容有了质的飞跃外，服务手段也更为先进与便捷。实时交流工具、网络视频会议、网络表单、BBS（电子公告板系统）、呼叫中心等都能作为服务工具，用户可以根据自己的喜好与实际情况进行选择。与此同时，人工智能技术、虚拟现实技术等更多先进技术将被运用到数字图书馆的服务中，挖掘用户的潜在需求，解决用户的复杂问题。

（六）知识服务是知识增值和创新的服务

数字图书馆的知识服务注重文献的深层次开发，为用户提供的不是简单的知识堆积和信息获取方式，而是经过加工创造实现知识增值的新知识。知识服务关注和强调的是利用自己独特的知识和能力，对现成的文献进行加工，形成新的具有独特价值的信息产品，解决用户所不能解决的问题，进而提高用户知识应用和知识创新的效率。[①]

二、数字图书馆知识服务的形式

由于网络环境下的数字图书馆知识服务具有面向用户、基于知识内容等特点，所以数字图书馆知识服务的形式也与众不同，主要有以下几种。

（一）参考咨询服务

数字图书馆参考咨询服务是传统参考咨询和数字参考咨询的有机结合。利用各种传统的和现代化的服务手段，包括面对面、电话、来函、电子邮件、留言表单、BBS及各类在线实时交流软件等，图书馆馆员和用户进行实时和非实时的交流，解决其在寻找文献及相关信息和知识过程中遇到的各种问题，帮助用户更好地利用图书馆的馆藏资源，找到所需的信息和知识。数字图书馆参考咨询服务是一种典型的知识服务形式，主要包含信息服务和知识服务两个层次。其中，信息服务主要是依靠对于显性知识的组织，参考咨询员可以利用事先建立的FAQ库、文献导航库、问答库、知识库、知识地图和专家库等，解决用户的问题。而知识服务则是在对显性知识组织的基础上，对于隐性知识的提炼和组织，这就需要图书馆建立参考咨询团队，保证参考咨询员的学科背景的全面性、层次性和互补性，并利用先进的隐性知识挖掘工具，如包含网页推送、视频会议、电子白板、网页共享等功能的网络实时交流软件，电子邮件、网络表单、BBS等非实时交流软件，实现有一定深度和知识含量的服务。

（二）特色专题服务

特色专题服务就是数字图书馆的工作人员经过对重点学科、热点问题、公众喜好问题等的分析，从数字图书馆的海量数字知识资源中，抽取出特定专题的知识，建立专题特色知识库，并向用户提供服务的方式。特色专题服务的起源可追

[①] 杨凌云. 对数字图书馆知识服务的几点思考[J]. 西域图书馆论坛，2009（8）：12-14.

溯到传统图书馆早期的剪报服务，与之不同的是，特色专题服务不是对专题相关知识的简单聚拢有序化，而是融入了数字图书馆知识工作者的隐性知识，对专题相关知识的重组和开发，向用户提供的是专题的新知识。

基于知识管理的数字图书馆特色专题服务，不仅包括网络环境下的数字专题服务，也包括纸质形式的专题产品。数字图书馆特色专题服务能够体现数字图书馆及其知识服务人员的知识价值，系统性强、参考价值高，是知识服务的重要体现。

（三）知识导航服务

知识导航是图书馆从读者的实际需要出发，以满足读者的多种阅读需求为根本，同时根据不同需求，提供不同的知识、信息的服务。[1] 知识导航库的建立是数字图书馆的馆员在对网络上各种纷繁复杂的数字信息资源进行鉴别、组织的基础上形成的，其间融入了图书馆馆员大量的隐性知识和智慧，是知识服务的重要形式。

在网络环境下，帮助用户在网络的海量信息中识别、找到所需要的知识信息，是图书馆馆员的重要职责，也是数字图书馆用户教育的重要内容。在知识导航过程中，知识教员、知识中介、知识提供、知识创建、知识组织、知识交流是知识导航的六大角色内涵之所在，它是建立在数字图书馆海量的数字知识资源以及数字化网络信息资源传递基础上的知识信息服务，它要求图书馆馆员成为网络知识的导航员，并在浩如烟海、日新月异以及纵横交错的网络知识海洋中对用户进行引导咨询。随着自动分类标引、自动文摘等技术在数字图书馆的应用，数字图书馆的知识导航服务除了提供常规的书目导航、参考咨询导航等服务外，还将提供更深层次的知识导航服务。

（四）知识评价

信息技术的发展带动了整个社会的发展，但也带来一些负面效应。网络每时每刻都向我们提供海量的信息。对这些庞杂无序、良莠不齐的信息进行筛选、加工、整理和价值评定是摆在图书馆馆员面前的一项重要任务，也是数字图书馆知识管理中知识服务的一个重要内容。

知识评价是对知识价值、应用情况等的评价，是知识增值服务的重要一环，但需要现代信息技术和大量资金作为其统计基础。知识评价是数字图书馆知识管

---

[1] 成谷阵. 知识导航是图书馆开展知识服务的中心环节 [J]. 太原师范学院学报（社会科学版），2009（2）：171-172.

理具有一定优势的部分,试想如果用户查询的文献后附有该文献的引用率、借阅率等信息,他就可以马上判断出该文献的学术或经济价值,从而节省用户大量的时间并方便他作出决策。此外,对于希望了解行业或专业知识的客户,经典图书或文献的推荐,以及对图书进行入门、中阶、高级的划分将会是极受欢迎的。具体做法可以借鉴亚马逊网上书店等。当然,图书馆的评价应该是客观的,最好能依据数据统计,以免引起争议。①

三、数字图书馆知识服务的实施

数字图书馆的知识服务是一项系统工程,涉及许多方面的内容,这些内容要素需要有机结合在一起,知识服务才能真正地开展起来并实现预期目标。具体说来,数字图书馆在实施知识服务时,需要从以下几个方面着手。

(一)转变服务观念

当前用户利用图书馆最关注的是能否从繁杂的知识信息资源中捕获到解决所面临问题的知识或解决方案,传统的以资源收藏与管理为中心的被动信息服务已无法满足用户日益增长的知识需求。为保证知识服务的顺利开展,必须在全体馆员中牢固树立"以用户需求为中心"的服务理念,将满足用户多元化的知识需求作为图书馆一切工作的中心。观念决定意识,意识影响行为。因此,转变服务观念,树立正确的服务意识是数字图书馆知识服务得以开展的前提。

(二)建立知识库

知识库是按一定要求存储在计算机中的相互关联的某种事实、知识的集合,是在数字图书馆的馆藏数字资源和纷繁复杂的网络信息资源的基础上,有针对性、目的性地从中抽取知识点,按一定的知识体系进行整序和分析而组织起来的数据库,是有特色的、专业化的,是面向用户的知识服务系统。

知识库是数字图书馆知识服务的资源基础,建立知识库可以避免馆员重复回答类似问题,用户通过知识库的检索,可以弄清问题点或得到额外知识。数字图书馆一般通过数据仓库技术、元数据技术建立知识库,并利用网络技术、群件技术实现共享。

(三)建立高素质的知识服务团队

知识服务团队是知识服务的核心,是知识服务向更高层次迈进的支撑。数字

---

① 高凡,赵颖梅.数字时代图书情报服务与创新[M].成都:西南交通大学出版社,2006:238.

图书馆知识服务团队的成员必须具备丰富的读者服务工作经验、快速的文献收集能力、深厚的文献研究功力、挖掘用户需求的潜力和清晰阐释问题的能力。知识服务团队可以采取专职和兼职两种形式：一是培养现有图书馆馆员成为专职知识服务员；二是广泛吸纳有能力的社会公众和知识渊博的专家学者成为兼职知识服务员。这样既能提升服务品质，进行成本控制，同时也是一种切实可行的操作方法。

人员准备完成后，需要对知识服务人员进行培训，培训的内容主要包括：知识服务理念（为什么要进行知识服务、知识服务要求我们做什么）、知识服务流程（知识服务是怎样进行的）、开展知识服务必备的技能技巧（为实现知识服务，应具备什么样的工作技能、掌握什么样的工作技巧）。人员培训的目的是确保知识服务人员能够胜任知识服务岗位，使知识服务顺利实施。[1]

（四）建立健全的管理机制

健全的协调激励机制和管理体制是数字图书馆知识服务得以顺利运行的重要保障。数字图书馆的知识服务是建立在知识捕获、知识组织、知识开发、知识共享的基础上的，这一系列工作的开展和实施涉及诸多方面的内容。数字图书馆必须调整自己的组织结构，从部门设置、职责分工、员工激励等方面，使图书馆的管理体制向着有利于提高数字图书馆知识服务能力和水平的方向发展。

（五）建立知识服务标准

知识服务是一个新的理念，想要实现这个理念，就必须将其转化到具体的工作中去。建立知识服务标准，制订知识服务流程，使得知识服务有章可循、有据可依，从而保证知识服务的落实。

数字图书馆知识服务标准可以作为知识服务评价的参考指标，同时还有利于提高数字图书馆的知识服务水平。

（六）用户培训

数字图书馆的建设不仅应该关注知识的组织与开发，而且要重视知识的需求与应用，以便最大限度地实现知识的价值。当今对数字图书馆的评价，也不再限于知识数量的多少，而是用户对知识的处理、开发、利用程度。然而大多数用户对知识服务的概念还很陌生，为了让用户更好地体验知识服务，解决自己的问题，图书馆有必要对用户进行培训。

---

[1] 姚乐野，蔡娜.走向知识管理与知识服务数字档案馆建设研究[M].成都：四川人民出版社，2010：265.

数字图书馆用户培训的内容主要有两类：一是实用性培训，主要介绍数字图书馆的知识服务，以及讲解使用这些服务必备的技能和技巧，让用户了解自己能够在数字图书馆的知识服务中得到什么，以及通过什么方式去获得；二是知识性培训，根据用户的需求，以知识讲座等形式，向用户传播知识，实现知识的价值。

（七）解决知识产权问题

知识产权问题一直困扰着数字图书馆的资源建设与参考咨询服务，在某种程度上制约了数字图书馆建设的步伐。知识产权相关法律的制定主要是为确认和保护人们在科学、技术、文化、艺术等领域中从事智力活动而创造的精神财富所享有的权利。目前，数字图书馆的知识产权问题主要指的是知识传播和知识服务过程中的著作权问题。[①]

数字图书馆在开展知识服务时，用户可以随时随地获取文献知识，而知识服务人员同时也在利用文献知识进行用户服务，知识共享范围扩大和知识服务程度加深都带来了相应的法律问题和风险，如对实体图书馆以外的读者提供进行收费的数字资源参考咨询服务就涉及是否得到授权的问题。因此，图书馆应认真学习并领悟知识产权相关法律的精髓，尤其注重对《著作权法》的研究，避免在这种公益性的知识服务中触碰法律的底线。同时，应在员工培训和用户培训中将知识产权问题作为专题进行讲解，普及法律意识和知识。

（八）开展联合服务

数字图书馆单馆的资源和服务能力是有限的，用户的需求却是无限的、多样的、不确定的。以用户为中心的服务理念，用户的满意度成为衡量数字图书馆工作好坏的标准。单个数字图书馆有限的资源已无法更好地服务于无限的用户需求，这就要求数字图书馆与数字图书馆之间必须加强馆际合作，建立联合体，开展联合服务。充分利用各自的知识资源和人才资源，借助一定的协调机制，为来自本馆或来自其他图书馆的各种知识请求服务。联合服务的开展要求联合体的成员从大局利益出发，树立整体性观念，实现联合体内各成员之间的人力资源、知识资源、设备技术资源的全面共享。

---

① 李作化.图书馆管理：理论与实务[M].北京：团结出版社，2009：160.

第四节　图书馆知识服务流程策略及实践

一、图书馆知识服务

（一）图书馆知识服务系统的构成要素

在图书馆知识服务系统中，有关知识服务流程的基本组成要素有六个，分别是：知识服务用户，知识服务提供者，知识服务平台，馆员内部业务平台，信息资源库和特色知识库。

1. 知识服务用户

知识服务用户是知识服务中的客体，是知识服务需求的提出者，也是知识服务流程的驱动者。例如在高校图书馆中，知识服务用户就是指广大高校教师和学生，以及部分科研人员。其中，学生用户群顾名思义以"学"为主，受所学专业、兴趣爱好和年级阶段的不同有比较明显的知识需求，而部分研究生也对一些前沿科研知识有一定的需求。教师用户群一般是围绕特定的专业项目开展教学和科研活动，他们既有学科专业的教学信息需求，又有学科专业的科研知识需求。在知识服务流程中，高校师生不仅是知识服务的需求者和消费者，还是图书馆知识服务的促进者和激励者。高校聚集着大量各学科领域的专家和学者，他们是知识服务流程中进行知识创新的主力军，是对未来知识产品的提供者。高校师生的知识需求状况、利用水平、满意程度和各种反馈意见、评价等对图书馆知识服务的发展起到了至关重要的作用。以知识服务用户为中心，树立以人为本的思想，为图书馆知识服务流程优化开辟新的实现途径。

2. 知识服务提供者

在图书馆中，知识服务提供者主要是高素质的图书馆员。图书馆员是图书馆知识服务体系中的重要成员，是知识服务的主体，参与知识服务流程中的各个环节。他们在某种程度上既是知识的消费者，又是知识服务的提供者，在消化、理解问题的基础上，通过对相关学科专业知识（显性知识）的搜集和利用，产生并形成含有自己的经验及思维成果的新的知识产品或成果提供给知识服务用户。

馆员是图书馆事业的灵魂，他们是图书馆信息活动中最活跃和主动的因素，是图书馆的核心，所以图书馆员应具备一定的素质。首先，要具备良好的职业道德。一个好的图书馆员就是图书馆的形象大使，必须爱岗敬业，不断学习，勇于创新。其次，要有丰富的文献学、情报学知识，和对知识的敏锐洞察能力，以及知识组织和知识加工的能力。知识时代的到来，让人们感受到了信息大爆炸，在众多信息中捕捉到对用户有用的知识，对图书馆员来说是一个挑战。再次，要有一项专长。全能人才是对馆员的考验。实际上，全才是不存在的。图书馆应鼓励馆员提高自己的一项专长知识，有利于实现图书馆员的自我价值，又能发挥他们的积极性和主观能动性。最后，要具备良好的沟通协作和网络技术应用能力。

知识服务提供者以开发学科专业知识信息资源为目的，深入学科专业领域，为该学科的建设发展提供学术层面上的服务，解答科研中提出的各种问题，对重点学科的建设发展方向、目标、最新成果、未来发展动态做到心中有数，将繁杂无序的信息进行筛选、分析、重组后，提供给重点学科的知识服务用户。在这一过程中，馆员要运用自己的隐性知识与书本上的显性知识相结合为用户提供有效的知识服务。

3. 知识服务平台

知识服务平台是联系知识服务用户与知识服务提供者的重要媒介，是以知识服务用户的需求为驱动的服务平台，也是知识服务系统的外在表现形式。图书馆通过这个平台向高校师生提供知识服务。该服务平台代表一种外围环境，在此环境下，知识服务用户可以得到专业化的知识服务。该平台包括了各种学科知识库、考试资料库、参考咨询问题库、FAQ 库、BLOG 和 RSS 订阅等。

知识服务平台是图书馆对知识服务用户开设的，有些虚拟知识库没有完全开放，需要通过开通会员或者注册信息才能得到。该平台是知识服务系统构建的基础。它不仅提供重点学科导航、学科知识门户、虚拟参考咨询、智能搜索引擎、个性化定制服务、定题知识服务等资源、工具与服务，还能够支持馆员的学科知识需求分析、学科知识化信息选择与集成、个性化服务设计与管理等工作，以及跟踪用户需求并将与需求对应的个性化服务嵌入到用户信息环境中，全面落实学科化、知识化、个性化、智能化的服务目标。

4. 馆员内部业务平台

馆员内部业务平台顾名思义是指图书馆员处理知识服务用户需求时，使用的内部集成相关工具与服务，属于提供知识服务的内部环境，为馆员业务的开展提供了基本的支撑。主要包括咨询馆员对于知识服务用户提出的专业学科需求得不到解决时与学科馆员的联络服务、特色知识资源的建设服务、网络虚拟资源与用户定制服务、知识组织与知识创新服务,知识服务用户与提供者的信息素养的培训服务、知识服务系统管理等服务和工具。

基于网络环境的学科需求联络服务,采用计算机支持的协作交流技术,建立馆员与科研用户之间的虚拟交流渠道,以便实现双向信息流动,特别是实现基于用户端系统的需求信息采集目标,并及时将图书馆的资源与服务发布、揭示、通知给相关读者用户;特色资源建设主要针对特定读者用户的需求特点采用搜索引擎、集成检索、RSS 聚合等多种技术,对公共平台以及其他多种资源进行采集、加工、组织,建立特色资源数据库,提高知识服务用户的知识产品利用效率;虚拟资源与用户定制服务是指在知识服务用户需求的驱动下,对信息资源库、特色知识库以及特色馆藏资源进行集成、选择、过滤、评价,从而创建具有服务对象个性特征的服务;知识组织工具包括文献计量工具、信息抽取工具、可视化工具、知识信息组织工具等,为馆员深层次的知识挖掘与知识信息研究工作提供支撑。

5. 信息资源库

信息资源库是为用户提供各种信息,对这些信息资源进行统一管理和发布的平台。信息资源库分为实体馆藏和虚拟馆藏两大部分,具体包括图书馆实体馆藏资源、数据库、各种信息检索系统以及网络资源等。信息资源库包含的主要是以文献、事实、数据等人类显性知识为表现的海量信息。信息资源库中的显性知识是为高校师生用户提供知识服务的素材和基础。随着对知识的挖掘、发现、组织、传播等各方面研究的不断深入,传统的信息资源库将向着包括隐性知识在内的知识库的方向发展。

6. 特色知识库

特色知识库是图书馆知识服务系统中的重要组成部分,也是知识服务有别于信息服务的重要特征。建设特色知识服务数据库可以完善图书馆的文献资源保障体系,加快图书馆信息化与自动化建设,是开展好知识服务的重要物质基础。特色知识库的建立是在信息资源库的基础之上,又不同于知识服务平台。它能有针对性地从中抽取知识点,按照一定的知识体系进行整序和分析,并且组织起来形成的数据库。它是经过分类、序化和重组后的知识集合。特色知识库中的知识既包括馆员在解决知识服务用户提出的问题的过程中搜寻到的显性知识,也包括馆员运用自身的隐性知识以及利用从信息资源库中获取的显性知识所形成的,能够解决用户特定问题的新的知识产品或知识成果。这些知识被捕获、录入到特色知识库,并经过加工、整理、评价、排序等程序构成特色知识库的主体,以便在合适的时机提供给新的用户或者进行进一步加工形成新的、更高层次的知识产品。

特色知识库的出现，可以大力进行知识创新，包括高质量的文摘数据库、有特色的全文数据库以及面向教学研究需要的各种专题数据库，这样有利于高校知识服务用户得到多元化、个性化、一体化的知识服务产品。特色知识库对图书馆有效开展知识服务流程是一种极有价值的实践工具。以高校图书馆为例，其可根据高校的学科专业优势建立学科知识库，纳入特色知识库中。学科知识库与其他知识库的不同之处就在于其内容是严格按照学科专业进行组织和提供的。学科知识库采用实体馆藏资源和虚拟馆藏资源共存的方式来满足读者用户的个性化、专业化、学科化需求。

另外，高校图书馆可利用本馆的特色馆藏或重点学科资源建设特色馆藏知识库。还可将用于学科知识服务用户信息技能、信息素养等方面的培训知识置于知识库中，以便提高知识服务用户整体水平，使其更好地理解和利用知识服务，从而更快地提高知识服务的质量和水平。

（二）图书馆知识服务流程

图书馆知识服务是建立在知识增值的基础上，图书馆馆员运用自身独特的知识和能力，通过对知识的进一步深层次加工，形成具有价值的知识产品，解决用户自己不能解决的问题。图书馆凭借自身拥有的丰富的知识资源和设备，满足用户的知识需求。知识服务促进知识的传播、利用和再生产，使用户掌握知识并使知识创新转化为技术，成为经济社会的生产力。

1. 知识服务用户提出问题

知识服务用户在图书馆有三条路径可以获取信息和知识，分别是：

（1）用户自己通过知识服务平台查询信息资源库获得相关信息。

（2）用户通过知识服务提供者查询特色知识库，从中找到已有问题的现成答案。

（3）用户向知识服务提供者明确地表达问题，以期获得能够满足其需求、解决其问题的知识。

其中，第一种情况是属于传统信息服务的过程，本书中不加以讨论。第二种情况是信息服务逐渐向知识服务发展、完善后的一种体现。第三种情况是本书主要研究的一套完整的知识服务流程。

2. 知识服务提供者确定用户需求

当知识服务用户自己不能通过上述第一种路径解决问题时，需要从知识服务提供者处获得帮助，此时，知识服务用户能否明确表达自己的需求成为关键问题。

一方面，是由知识服务用户自身对知识挖掘的素质决定的。图书馆的知识服务用户主要是在校师生，他们对知识的挖掘能力参差不齐。当然，并不代表年级或职称越高就表达得越清楚。因此，只有明确表达出自己的需求，知识服务提供者才能更好地为用户服务。

另一方面，知识服务提供者能否与知识服务用户建立良好的沟通平台，也影响着用户能否表达出自己的真实需求。这就需要知识服务提供者为知识服务用户分析问题，挖掘出用户的潜在需求。已录入特色知识库的知识产品，只能针对知识服务用户已经编码的，甚至是高度编码的需求开展知识服务，而知识服务提供人员可以针对用户不能编码的、潜在的、隐性的需求开展探索式的知识服务，以循循善诱的沟通，对用户的真实需求更加确切化表达，这一点是进一步开展知识服务的基础和前提。

3. 知识服务提供者选取工具

上一步是明确知识服务用户的真实需求，这一环节就是借助以前产生的知识产品对新问题的解决过程。该步骤是知识服务提供者为知识服务用户提供满意答案时，如何判断、选择工具的过程。《劝学》中有句名言："君子生非异也，善假于物也。"朱熹在《观书有感》中写道："问渠那得清如许，为有源头活水来。"知识服务也不例外，是以吸收、借鉴、创新、利用已有的相关知识为基础的。对相关知识源头可以有三种途径进行选择：

一是利用知识服务提供者自身的知识储备直接为知识服务用户解决问题。用户在知识服务平台提出问题后，咨询馆员直接根据自己的经验给出解决办法，使用户得到满意答案。

二是借助特色知识库，查询到已有的知识产品。知识服务提供者在不能直接给出用户满意回答的时候，可以利用特色知识库中的知识产品，为用户提供满意答案。

三是知识服务提供者在信息资源库中挖掘、筛选、获取到相关知识，经过分析、整理、升华之后，形成新的知识产品提供给用户。这种途径比较复杂，可能用到的工具比较多，比如信息资源库，特色知识库，馆员内部业务平台里包含的一些知识组织工具和知识服务平台里的各种数据库。

4. 知识服务用户满意度反馈

当知识服务用户得到知识产品后，需要对本次知识服务进行满意度反馈。如果用户满意,那么本次知识服务流程结束;如果用户不满意,知识服务提供者需要重新进行进一步的询问、交流与服务,直到用户满意,整个知识服务流程才能结束。由此可见,用户满意度是评价知识服务质量的重要手段。为了保证知识服务能达到最佳状态,就要通过用户满意度来反馈信息,这也是现代系统论、控制论、信息论的一个重要思想。知识服务的运行和流程完善离不开服务对象的满意度反馈,也离不开对知识产品的评价和应用,以及在此基础上的调整、修饰和重构。

5. 特色知识库的管理

对于知识服务用户来说,得到满意的知识产品就意味着知识服务流程的结束。但是,对于整个知识服务系统来说,还有一个重要的环节,即对知识服务产生的知识记录加以积累、整理、分门别类以形成一个特色知识库。随着知识服务用户的增加、涉及范围的扩大、研究内容的深化、研究方法的不断变换,特色知识库中的内容也会不断更新、完善、优化,这一工作环节就是对特色知识库的组织与管理。特色知识库不仅对每条知识记录本身进行组织和管理,还要将该问题答案提供者以及得出答案的思维过程等方面加以体现,从而获取各环节中的隐性知识。

综上,特色知识库的管理是信息服务上升为知识服务的关键。图书馆知识服务流程并非绝对以用户提问为起点,在知识服务用户与知识服务提供者交流的过程中,实际上蕴涵着多种服务方式。但是,此处构建的是一种以用户对知识的需求作为出发点到生产出用户满意的知识产品为终点的知识服务模式。这种模式不仅可以提高知识服务用户的知识素质,还能有效提高图书馆员的服务能力,经过不断的知识创新后产生的新的知识产品也可以进一步丰富特色知识库。

至此,我们从知识服务的主体出发,依据两个平台,借助相关数据库分析了图书馆开展知识服务的基本流程。

(三)图书馆知识服务的运营模式

1. 基础知识服务模式

这种服务模式就是将知识聚类、知识重组等。知识聚类是指将知识对象按其属性类别加以集中整序、整合的过程。在图书馆服务中,图书和期刊的整理与管理工作,大都通过分类和标引方法来揭示书刊的内容,并按学科或某种知识关联将大量文献分门别类提供给用户,为用户提供知识聚类服务。它为用户利用书刊提供明确学科类别,便于用户按类索书。知识重组是对相关知识客体中的知识因子和知识关联进行结构上的重新组合,形成另一种形式的知识产品的过程。知识重组的目的，是通过对知识因子和知识关联的重新组合，为用户学习和检索知识提供便利。知识重组服务主要通过书目、索引、文献和文献综述的方式来为用户提供服务。

2. 数字化参考咨询服务模式

这种服务模式以图书馆参考咨询服务为基础，将图书情报服务的前沿和核心作为知识服务的咨询阵地，这样可以体现出咨询服务的中心地位。

该服务模式实现的基本流程是：参考咨询馆员深入细致地与知识服务用户交流，在熟悉用户需求知识的来龙去脉等背景知识的前提下，以用户提出的核心概念、中心思想、关键词等作为检索基础，结合馆员自身的检索知识和经验，深入地挖掘出用户的隐性需求，对用户需求知识重新作分析，制定更为确切的检索策略，检出更为完善的相关知识，对查询到的文献信息做进一步的筛选、评价、分析，最后提炼出用户所需的知识产品。

这种服务模式有：交互式参考咨询服务、异步式参考咨询服务、专家式参考咨询服务、结构化的参考服务和合作式参考咨询服务。

3. 专业化知识服务模式

专业化的知识服务模式，顾名思义是将知识服务提供者按照各自擅长的专业进行分工。这样可以保证他们对专业知识和专业资源的精确把握。按照专业领域来开展知识服务，有利于提高知识服务对用户需求和用户任务的支持力度。比如，很多国外的大学图书馆就打破原先按照业务流程来安排馆员的方式，实行了垂直的组织方式，这样可以让具体专业的图书馆员全面负责一个专业领域的知识服务体系建设，进而充分做好知识组织、知识创新、用户专业培训等工作。

专业学科知识服务是指将知识服务与学科馆员制度相结合，按照学科专业领域组织人力和资源，提供学科专业化知识服务的一种服务方式。通过图书馆员中的学科馆员深入到某一学科中去，配合研究型高校用户，从研究立项到成果验收，进行全程定期跟踪服务，对各专业学科的相关知识、成果评价的知识，权威信息源或载体的知识等进行描述、评价和提示，对全文数据库进行智能类聚和链接，对口提供专业细化，面向不同学科的个性化服务。同时，还要为研究型用户提供各个学科领域的最新研究动态，各个学科当前以至将来的研究热点，预测学科的发展方向，提供学科研究的核心信息源。

许多高校教师用户都承担着一些国家或地方的科研项目，一些学生也参与研究，承担着研究课题中的子课题或为老师收集、整合专题性的知识信息。因此，图书馆员要主动与科研人员合作，深入了解其知识需求，主动为他们提供专题知识服务。对于一些重点项目，馆员应该主动到校科研处调查了解科研立项、课题负责人、经费等有关情况，设计定期服务计划方案，制定检查策略，建立定题服务数据库，切实做好从课题立项到成果鉴定的全程定题跟踪服务。馆员应根据自身专业特长，建立相应学科的馆员咨询网站，将不同学科的咨询服务项目链接到相应的网站上去。科研人员通过表单和 E-mail 等发送方式将专业咨询问题提交给学科馆员，学科馆员将咨询答案和相关信息通过相应途径反馈给科研人员，这样可以大大节省科研人员的时间，提高研究效率。

专业化知识服务注重对高校用户知识需求的挖掘和共享。从用户注册和调查记录、流通和借阅记录、馆际互借记录、电子数据库的使用等统计和分析中得到用户的信息。这样就能准确掌握用户研究的问题及研究的进展，从而有针对性地为用户提供出其所需的各种知识，并根据用户的需求将提炼出来的知识形成一个或多个知识产品，让用户满意。

4. 个性化知识服务模式

这种模式是指按照知识服务用户个人的需求、爱好和知识体系而定制一个聚合了分布式多元化信息资源、工具和服务的数字信息体系，并以此为用户提供连续性、系列化的专有知识服务。这种运营模式与本书提出的知识服务流程相似，体现了知识服务系统以解决用户的实际需求为基础的灵活服务，也将知识服务融入到图书馆的组织体制中。

这种模式的现实例证就是"我的个人图书馆"（My Library）界面。个性化知识服务的有效形式有很多种。首先是针对不同阶段的高校知识服务用户建立图书信息系统的个人化界面。为用户提供专门的"系统"界面，例如，用户登录系统时，可以看到为用户量身定做的动态化信息（新书通报、定题选报、新闻服务等）。其次是根据知识服务用户的自有知识和使用情况分析其检索要求，开发出知识服务系统的个人化处理功能，例如，优化检索过程，选择检索结果，并将个人化界面和用户利用的其他知识服务集成起来，形成用户的"个人图书馆"。然后，同高校知识服务用户协力开发个性化的信息资源系统，利用好图书馆的系统支持和相关信息资源系统，例如，专业化信息导航系统、专题信息产品及其支持系统等。个性化知识服务已经被许多图书馆开展，有的是为学科专家或科研课题组的专门知识服务。

5. 团队化知识服务模式

这种模式与合作式参考咨询服务有异曲同工之处。由于知识服务对知识和能力的要求，图书馆往往依靠多方面、多种类人员形成团队来开展知识服务。例如，将资源开发、信息组织、参考咨询、用户教育和信息技术等方面人员组织成工作小组，或者将不同专业领域甚至不同图书情报机构的知识服务人员组织到团队中；再或者吸收知识服务用户或外部专家来参加到团队中，利用多方面知识来提供高专业性的学术活动，配备相关信息助手。当然，这需要长期和良好的服务质量来赢得知识服务用户的信任并保障有效交流。

以上所列举的五种模式，并不是全部的图书馆知识服务模式，而是比较常见的、能代表近年来国内图书馆知识服务的几种模式。知识服务的模式因分类标准和研究者理解角度的不同，可以有不同的种类，但唯一相同的就是利用图书情报机构的信息资源及现代化的高科技技术，为广大的用户提供准确、及时、全面的知识服务。本书提出的图书馆知识服务流程是一般流程，根据不同知识服务用户的知识需求，可以选择不同的知识服务运营模式。当然，有效的知识服务并不是单一、独立的，有可能是上述各种模式和其他可能模式的动态组合。

二、图书馆知识服务实现策略
（一）细分各层知识服务用户的需求

各大图书馆主要为广大读者提供知识服务，因为人员层次不同因而个人需求自然也就不一样，所以按照用户需求进行分层就某种意义上来说能够确保知识服务顺利展开。

仍旧以大学图书馆为例。首先，将学生用户群分为学士、硕士、博士三个层次。对于学士阶段的学生用户，学校图书馆主要为他们提供基本理论知识。例如，对大一、大二的学生用户提供相关专业的基本理论及前沿知识；对大三、大四的学生用户提供定题知识服务，为准备撰写毕业论文或毕业设计创造条件，培养他们挖掘与整合知识的能力，实现图书馆为本科生提供学习型知识服务的目的。对于研究生层次的用户来说，他们的主要学习目的不再是基础理论知识，而是更深层次的探究某专业领域、创造某学科理论的社会价值。因此，图书馆为硕士和博士提供的知识服务要比本科生的更为深而广。例如，在硕士、博士的科学研究、学术论文、毕业论文撰写等方面，对某一点专业知识进行深度挖掘与整合，并对知识进行创新与增值，为他们提供专业化的知识服务流程做好第一步。

其次，针对教师用户群主要为其提供专业项目服务。例如，任课教师为备课做准备时，主动地、有计划地搜寻相关专业资料、学科前沿发展动态、专业论坛、典型案例分析、综述、研究报告等，来丰富和充实教学内容。对于专于科研的教师提供交叉专业团队化协作性质的知识服务，这样有利于项目的开展。

正所谓良好的开端是成功一半，就各个图书馆知识服务流程来看，首要步骤就是保证整体服务质量。因此，对高校知识服务用户要进行不同专业、不同层次、不同需求的划分，这样才能更好地开展知识服务，也能保证每个知识产品的质量。

（二）提高知识服务提供者团队的素质

知识服务提供者与知识服务用户的有效沟通是图书馆知识服务流程的第二步骤。知识服务提供者是以自己的聪明才智以及丰富的专业知识、个人经验来满足用户知识需求的图书馆员。图书馆提供知识服务的效果，不仅取决于图书馆丰富的文献资源保障，也更取决于图书馆员团队的高素质。

只有拥有一支优秀的图书馆员团队，才能保证知识服务流程中产生的知识产品的质量。图书馆需要教育和培训出一支训练有素的知识型馆员队伍，这支队伍必须具备胜任知识服务的基本素质：具有良好的职业道德，本着服务至上的原则，全心全意为用户服务；具有良好的交流能力，其中包括面对面的语言表达能力、文字写作的表达能力和馆际之间的公共关系能力；具有较高的外语读写水平和计算机能力；具有扎实的图书情报专业基础，熟悉各类参考工具书，掌握文献检索方法；具有良好的信息组织能力，对各学科前沿信息的挖掘能力，广博的知识结构以及较强的科研能力。综合而言，知识服务提供者应是一种复合型人才，他们可以根据用户需求，运用数据仓库、数据挖掘等技术，对网络上特定学科领域的知识资源进行再挖掘、采集、过滤和整理，将获取的知识进行编目，形成图书馆独特的信息资源库（即形成二次文献信息），而后通过自身的隐性知识对信息资源库中的知识进行再次加工、传递，形成综合性高、针对性强、系统性好、可被用户直接使用的三次文献信息，即特色知识库中的知识产品。

在知识服务环境下，图书馆员在为高校用户群体提供知识服务时决不能仅仅拥有某一种资源服务能力，如前文提到的，当代图书馆员是复合型人才，应该掌握除本工作特长以外的、知识服务要求的其他方面的业务素质。图书馆可以进行各部门内部组织学习，馆员与馆员之间对服务中遇到的问题进行交流，在某一专题项目中各抒己见，使馆员自身的隐性知识外化，实现本部门自身的知识资源的增长。当然，各部门馆员也可以选择互相交流学习，可以跨越时空的限制就工作中遇到的情况展开讨论，既能提高自身的专业学习与实践技能，又能实现各部门馆员之间的自由交流与知识共享，还能对一些共享的知识进行创新，产生新的知识产品。在这种学习模式中，图书馆员的素质会得到进一步提升，为了使其更好的发展，应该有相应的学习交流奖惩制度。对于积极主动参与组织学习，能为高校知识服务用户提供满意服务的馆员（即反馈满意度高的知识服务提供者），图书馆应该重点培养，给予更多的培训机会，以实现提高图书馆知识服务提供者团队素质的目标。

（三）利用知识服务工具

信息技术的发展促进了图书馆的数字化资源建设，各种电子网络数据库系统快速增长。为了提高知识服务数据库的规模和质量，还应该在开发建设自身特色资源的同时，结合本校科研需要和本馆的经济能力，购买和引进一些馆藏数据库，以提高知识服务流程的效率。

例如，利用搜索引擎搜索资源，通过网络全面搜索，在收集到相关资源后，对有效链接进行下载、分类、标引，对学科知识进行全方位的客观描述和整序。不仅要让知识服务提供者高效利用搜索引擎，还要对高校知识服务用户进行搜索引擎的培训教育，使整个图书馆的知识服务流程顺利进行，并加快其循环过程，达到双方都满意的结果，得到新的知识产品。

在信息资源库中，还有很多数据库资源。有效使用这些资源也可以加速知识服务的流程。例如，RSS聚合内容，它可以在不打开网站内容页面的情况下阅读支持RSS输出的网站内容。图书馆用户应该学会使用RSS工具，利用它来订阅自己想得到的知识资源。图书馆应建立起自己的图书馆网站，引进各种数据库，完善特色知识库，建立树状目录夹，建立可以逐级浏览的数字化资源或使用搜索引擎进行检索，以方便各类知识服务用户的利用。用户界面应随用户对象的不同而有所变化，采用不同的用户界面和服务方式来满足不同专业学科用户的需求。

（四）改革图书馆组织结构

图书馆某些一线部门的工作是一种共同负责的、协作性很强的工作，而图书馆一般都采用部门化的层级结构，这样的结构从管理角度可以有效定编、定岗，但是从图书馆开展知识服务的角度来看，并不是一种合理的组织结构。部门化会导致各部门之间缺乏交流合作的渠道，这样不利于知识服务流程的开启，尤其是对专业化知识服务模式和团队化知识服务模式的影响。

由于图书馆用户的专业不同，具体研究方向也不一致。图书馆可以建立多个专业图书馆。这样一来，根据研究专业的不同方向，各专业的师生可以得到更为专业学科化的知识服务。方便专业性强的知识需求，得到更高效率的知识服务流程提供的知识产品。打破部门化的组织结构，还可以培养综合性知识型图书馆员。图书馆可以将各个专业领域的专家、学科馆员组织起来，有效地进行知识共享，从而对知识进行创新，产生出对高校知识服务用户有用的知识产品。

第五节　智慧图书馆背景下知识服务模式

一、共同心智模式下的智慧图书馆知识服务

（一）共同心智模式的概念

苏格兰心理学家 Kenneth Craik 最早提出了心智模式的概念。他在 1943 年提出了心智模式（mental model）的概念，他认为心智模式是人脑在观察现实世界之后，现实世界在人脑中的一种重构，或者说是"一种映射"。人们通过心智模式认识世界，解释世界并且预测世界的发展。人们在与现实长期的互动过程中，面对重复生活的环境，这种对世界的重构可帮助人更快地做出反应，更好地适应外界环境。这一概念提出以后，在很多领域得到了发展，根据不同的研究对象，对概念做了相应的调整。

共同心智模式即为团队所有成员共同认可的关于知识、信念以及团队情境中至关重要的要素等的总体看法。它让团队所有成员能够协调自己的个人行动来配合其他团队成员的需要和适应团队任务、团队作业的改变。

（二）智慧图书馆的知识服务分析

1. 智慧服务的概念

智慧图书馆的知识服务就是一种智慧服务。图书馆的存在就是为了服务大众的，其最基本的性质就是服务。至今为止图书馆服务基本分为三个阶段，即文献服务、信息服务、知识服务。从这三个阶段可以看出图书馆服务的质量是在稳步提升的，同时也可以看出图书馆的服务从以前注重信息资源、数字技术等，转变为越来越注重图书馆人的智慧。智慧图书馆是图书馆未来发展的必然趋势，图书馆的服务从此也应上升到一个全新的阶段，即智慧服务。

第二章 新媒体环境下智慧图书馆建设与知识服务

2. 智慧服务的特征

（1）公共性

公共性是指其服务对象是面向所有广大群众的，图书馆本身就是一个公共服务机构，是政府为了方便大众更容易地获取知识而建造的，它的终极目标就是尽一切可能满足社会公共需要，确保所有大众都能享受到图书馆为他们提供的人性化、无偿的智慧服务。

（2）智慧性

首先智慧性就是通过智能技术建成智慧图书馆，进而拓宽图书馆本身的资源，让用户在图书馆的任何角落都能享受到方便、快捷的智慧服务；其次智慧性也指最大限度地对图书馆内的所有文献资料进行重新的知识挖掘，并将重新获得的新知识传递给用户，做智慧的引领者、普及者、推动者与启迪者。

（3）服务性

图书馆的最大职能就是服务，智慧服务摒弃了以前传统图书馆的被动服务方式，取而代之的是主动服务。图书馆员应该主动、积极、热情地与读者沟通，为读者推荐适合其阅读的资源，悉心听取读者的意见，最后真正实现阮冈纳赞的"图书馆学五定律"，将读者、图书馆员、资料融为一体，形成真正意义上的智慧服务。

3. 智慧服务的本质

在图书馆学的认知中，关于图书馆智慧服务的本质大概分为以下三个方面，即技术智能性、知识性和人文性。

技术智能性的智慧服务强调图书馆的智能技术，在这个智能技术发展如此快的今天，没有技术的支持是万万不能的。图书馆的发展经历了从传统图书馆再到数字图书馆的过程。图书馆服务方式的不断变化，离不开技术的支撑，尽管技术上的升级更新在图书馆的发展中扮演着重要的角色，但是应该避免刻意夸大技术的重要性，因为它再怎么重要，提高的只是图书馆设备的智能性，服务方面的智能性还要靠图书馆员的共同努力才能完成。图书馆是用来服务大众的，技术只是一种服务的手段或方式，是最基本的图书馆服务形态。

知识性的智慧服务是更高级的知识服务且具有知识的创新性，并将这种智慧服务作为未来图书馆服务的核心。这种想法看似美好，实则不切实际。因为就我国目前的国情来看，实现这种智慧服务所花费的人力、物力成本将会非常高，国家不可能将有限的资源全部投入进去。图书馆作为信息与知识的主要储存地，所提供的最多的服务应该是借还书和最基本的参考咨询服务，图书馆不可能把其服务的重心放在仅靠图书馆学者和图书馆员对知识进行重组和创新上，即便在这方面取得了些许成就，那也是相当有限的。

人文性的智慧服务指通过提高图书馆员的人文智慧来提升图书馆自身的人文智慧，从而吸引更多的读者，并挖掘出潜在读者的服务。所以，只有通过提高图书馆员的人文智慧并且加强他们知识的储备，才能更好地为读者提供智慧服务，才能使图书馆更智慧地运转。"图书馆的存在就是为了服务于全人类，在智慧图书馆中，应该摒弃以前传统的被动服务模式，为用户提供更智慧的服务，通过智慧服务，真正体会到'人守其学，学守其书，为人找书，为书找人'的乐趣和意义。"①

（三）基于共同心智模式的智慧图书馆知识服务过程

1. 图书馆与读者之间的共同心智

当读者来到图书馆使用计算机进行查阅资料的时候，图书馆就会利用智能技术提取到该读者所查阅资料的历史记录，通过历史记录分析读者的查阅习惯、喜好、擅长的领域等，做到与读者达成共同心智。达成共同心智后，图书馆就会根据每个读者的情况为读者提供不同的个性化智慧服务。

比如读者为了寻求某种知识（这种知识还需某种知识的铺垫才能完全了解，而读者自己不知道）来到了图书馆，当图书馆捕捉到读者查询这一知识时，就应当作出适时的反应，罗列出了解该知识所需的一切资料，包括知识铺垫的资料，这样当读者查询时就会很清楚自己该做什么，该从哪一方面入手，这种做法无疑方便了读者，也会让读者感到图书馆智慧服务的利好。

再比如读者只是来图书馆进行简单的借还书服务，图书馆应该在其每个楼层都设立多个自助借还书系统，就像我国现在的高铁火车站所设立的自助取票系统一样，完全做到自动化，使读者更方便、更效率地完成借还书。与此同时，应该在自助借还书系统显示屏上详细地记载读者的借还书记录，并根据读者借书的记录分析出读者的喜好或其擅长的领域，通过智能技术为读者推荐一些其感兴趣的领域的其他书目。

2. 馆员之间的共同心智

一个图书馆内的所有馆员可以被看成一个团体，这个团体是为了图书馆蓬勃发展而存在的。我国有很多图书馆，但是每个图书馆服务的质量和态度都不一样，

---

① 冯如山. 学校图书管理的为人找书和为书找人 [J]. 作文成功之路（中），2018（12）：48.

大城市图书馆的服务质量和态度未必会高于小城市。造成这种状况的缘由并不全是因为资金、技术匮乏，最主要的应该是馆员的问题，如果可以将馆员的心智达成一致，那么他们工作起来必然会更有效率，图书馆的发展自然也会更快。在图书馆有很多部门，例如流通、采编、参考咨询等，这也会导致每个馆员被分配的工作都不一样，但是不能因为工作性质的不同就缺少彼此之间的交流。在工作上，无论哪个部门的馆员都应该勤沟通，交流彼此的知识和工作经验，尤其是同一个部门下的馆员更应该做到这一点。因为只有这样，馆员之间才能产生互动，才有可能达到共同心智，一旦馆员们达成了共同心智，工作效率会大大提升，遇到突发状况也会一起从容面对。当馆员达成共同心智后，在他们工作时我们经常可以看到一种心领神会的默契，往往馆员之间的一个眼神就会理解对方的意思。这些馆员之所以能够在烦琐、模糊的环境下高效率地完成工作，一个很重要的原因是馆员们在这种环境下对完成工作或解决问题的方法、思路都是基本一致的。此外，各个图书馆之间应该打破以往保守的传统，让各个馆的馆员有机会接触并进行沟通，吸取对方的经验并使他们也达成共同心智，这对图书馆的发展是百利而无一害的。最后，条件允许的话应该让全国乃至全世界的图书馆馆员都有机会进行交流，从而开阔自己的视野，提升自己的知识储备和经验，当为读者提供服务时，毫无保留地将自己所知道的知识提供给读者，让读者通过自己的服务提升其心智，从而达到智慧图书馆的初衷。

3. 馆员与读者之间的共同心智

商业圈里有句俗话叫：顾客就是上帝。此话同样适用于图书馆，读者就是图书馆的灵魂，图书馆本身就是一个为人民服务的机构。试问一个没有读者愿意去访问的图书馆，它的存在又有什么意义呢？如今图书馆的大楼建得越来越高，越来越现代化，资料和信息越来越丰富，但是读者数量却没有因此而增多，这就表明读者在乎的并不是这些表面上的东西，而在乎的是其本质的东西，即人文智慧服务。虽然图书馆现在利用智能技术可以提供很多便捷服务，但是有些东西是不能通过机器传递给读者的，比如人生阅历、经验。

要想使馆员与读者之间达成共同心智，首先最重要的就是改变馆员的传统服务观念，即"为人作嫁衣"的被动服务观念。馆员的最主要任务就是将文献资源介绍给有需要它的人，起到一个中介的作用，换一种说法就是"为人作嫁衣"。以前这种被动的服务观念往往会令馆员产生些许消极心态，馆员往往将自己的能力限定为图书的上下架、借还以及编目索引等这些简单的工作，认为自己得不到社会的认可，在外人看来自己只是一个普通的图书管理员。但是当我们换一种认识，将"为人作嫁衣"看成是"服装设计师"，也就是当图书馆员为读者介绍和推荐文献资源时，图书馆员无疑为知识和智慧的普及作出了不小的贡献，从而推动了社会的发展。至此，图书馆员就不再是简单的图书管理员，而是利用自身的智慧将文献资源所含的有用信息最大限度地传播到社会的各个角落，即图书馆员是智慧的传播者，是社会与智慧的桥梁，只有这样图书馆的服务及馆员自身的价值才能获得社会的赞同。

4. 读者与读者之间的共同心智

当读者来到智慧图书馆并提出某种诉求时，智慧图书馆会将这种诉求和其他读者的相匹配，如果有一样的，智慧图书馆会主动介绍给读者，这样就形成了一个拥有相同诉求的小群体，形成了一个虚拟社区。在这个虚拟社区中，读者可以共同地合作与学习争取解决自己的问题，在解决问题的过程中，通过彼此的深入沟通和交流，会自然地得到对方的隐性知识，从而提升自己的心智，进而达成共同心智，更效率地解决问题。同时，各个社区之间也可以进行相连，分享彼此的知识和经验，共同合作，共同进步。

二、智慧图书馆背景下知识服务模式的支撑体系

（一）体系结构

一个系统或模式运行的基础就是要有一个体系为它做支撑。智慧图书馆知识服务模式的支撑体系，基本上可分为四个部分：组织、资源、应用和技术。组织层是注重用户和馆员的开发，通过定期的培训让用户和馆员的心智得到提高，通过实时的交流，合作学习，馆员和用户之间有望达成共同心智，这为开展智慧图书馆知识服务提供了良好的基础。资源层是通过图书馆及其资源的集群化，能够将知识进行深度挖掘并构建良好的资源保障体系，从而将丰富的馆藏资源进行良好的保存和管理，为用户所用。应用层是通过建立门户网站、搜索引擎、移动端知识服务平台等来为用户提供便捷、高效、人性化的智慧服务。技术层是运用物联网、云计算、RFID等高新技术为智慧服务提供技术上的支持。

（二）组织

1. 加强图书馆员的素质及能力

智慧图书馆知识服务的三个要素是图书馆员、用户和知识。图书馆员是知识和用户之间的"桥梁"，只有"桥梁"建得稳固、扎实，才能充分地将用户和知

识完美结合起来，从而达到事半功倍的效果。

首先，图书馆员应该树立敬业、奉献的精神。敬业指图书馆员要提高自身的专业素质，馆员应该在认真工作的同时积极提升自己的智慧和专业技能水平，努力学习完成自己的本职工作所需要的各种知识和技能。奉献指的是图书馆员的服务，图书馆的属性之一就是服务性，作为图书馆的馆员应该具有默默无闻的奉献精神，应该时刻谨记他们的职责就是服务用户，以为用户解决问题、帮助用户提升素质为自己的使命，应该遵循智慧图书馆以人为本的服务理念。如果图书馆员还是采取被动服务、消极服务的态度的话，即使图书馆的建筑、设备再先进，馆藏再丰富，服务再智能，用户也都会敬而远之，因为用户永远都是把服务放在第一位的。

其次，图书馆员应该具备良好的道德素质。如今是和谐社会，图书馆是精神文明建设的阵地，馆员作为图书馆的守护者、用户的领路人，应该时刻加强自己的职业道德规范。图书馆员在做好自己本职工作的同时，必须确立良好的道德观念，甘为人梯，乐于奉献；兢兢业业，忠诚敬业；修身养性，服务他人；不断进取，开拓创新。只有这样，才能充分地发挥自身的优势。

最后，图书馆员应该在掌握自身专业知识的同时，还应该培养自己其他方面的知识和技能，做一个全面的知识型人才。馆员应该不断加强自身的知识储备，锻炼自己归纳、分析、整合知识的能力，注重知识的深度挖掘，提升本身的心智和智慧，只有这样馆员才能更加了解用户的心理，与用户达成共同心智，为用户解决问题。在智慧图书馆里，馆员还应提高外语能力、社会交际能力、计算机和网络管理能力等，只有注重各方面知识的学习，提升自己的能力，才能摆脱过去那种低层次、初级化的服务模式，才能在社会大众面前重塑自己的形象，获得尊重。

2. 注重对用户的开发和培训

由于科学技术和互联网技术的快速发展，用户能够获取的资源越来越多，但由于各种资源出处不同、资源的质量有高有低等，使得用户在面对杂乱无章的资源时常常茫然失措，不知道哪个才是最适合自己的。因此注重对读者的开发和培训是智慧图书馆服务不可或缺的重要内容，智慧图书馆有义务将知识的种子播撒到每一个用户手中，要不断拓展和经营自己的用户群体，始终把以人为本的理念放在心中。

（三）资源

1. 图书馆集群化

在智慧图书馆环境下，集群化是在一个适当的范围内选取一个资历最老、经验最足的图书馆作为中心馆,再挑选一些成员馆形成集群化网络。该集群网络下的所有图书馆的管理方式及知识组织方式都是一样的,同时将各个图书馆的馆藏、各个知识库的资料、众多人类的智慧整合在一起,形成一个整体,运用智能技术统一化管理。图书馆集群化管理使得馆与馆之间从陌生变为熟悉,彼此分享自己的馆藏查缺补漏,共同进步,从而达到互利互惠。这种管理方式具有里程碑式的意义,因为它真正提高了图书馆的服务质量和服务能力,并为用户提供了多种新型服务。图书馆集群化不单单包括资源的集群,还包括馆员、技术、服务等多方面的集群。图书馆集群化是一个全新的服务管理模式,其以中心馆为核心,成员馆为辅的形式,形成了一个具有资源共享、优势互补以及共同发展的图书馆服务体系,通过这种新管理模式,图书馆的服务质量会不断稳步提升。

2. 资源保障体系

资源保障体系以完善的图书馆集群化管理为基础,该体系不仅将图书馆的资源有机结合了起来,还将图书馆以外的资源如网络虚拟资源等根据需求收集起来,使馆藏资源更加丰富,以便为用户提供高品质服务。

在资源保障体系的建设中,首先要巩固的就是本地资源建设,应运用智能技术将本地的珍贵纸质馆藏做数字化处理,与现有的数字资源进行重新的整合,形成具有自己风格的资源体系。此外还应注意收集其他方面的数字资源并引进精华部分,以此丰富自身的资源建设。

其次,图书馆还应树立多种形式文献信息资源共同发展的思想观念。如今,数字资源的发展可谓突飞猛进,甚至有取代纸质资源的势头,这就需要图书馆在以后的工作中注重网络资源的开发,使得网络资源和纸质资源进行互补,这样才能更好地为用户服务。如今每天网络上都充斥着令人眼花缭乱的各式各样的资源,据统计,全球每天会产生 700 余万个网页,所包含的资源类别更是数不胜数,网络是目前产出资源最多的地方之一。虽然网络资源每天都在增加,但是网络资源的消失速度也是相当快的,一般网络资源的平均寿命只有 44 天,这也就意味着有相当一部分的资源会随着时间的推移而永久消失。这就需要图书馆每天在网络里检索和筛选有价值的资源,不但将其作为自身的数字资源进行链接和导航,而且还要有效地保存,作为其资源保障体系的一部分。

最后,在完善图书馆资源的同时,还应注重图书馆员的培养。现今用户的要求越来越高,越来越个性化,这就需要图书馆员要丰富自己的知识,扩展自己的知识面,不断学习,同时提高与用户沟通的能力,提高解决问题的能力。

3. 对知识进行深度挖掘

在知识的世界中，隐性知识就如同冰山模型中潜在水里的那部分，其分量是显性知识的好几倍，对知识进行深度挖掘是通过智能技术在浩瀚的知识海洋中，搜索那些隐藏在显性知识下的隐性知识，把隐性知识显性化供全社会所使用。在智能技术的支持下，知识挖掘可以在多个层面进行，如馆员之间、各馆各部门之间和各馆之间等。

图书馆员之间的知识挖掘是通过馆员间的沟通和互相学习来完成的，有些馆员所拥有的知识如经验、工作的方式方法等在课本上是学不到的，这就需要馆员之间及时地沟通，以互相吸取他人的经验从而使自己变得更加智慧。例如，可以让工作多年的老馆员来帮助新来的馆员，通过新老馆员之间的沟通，让新馆员获取相应的工作经验，从而更快地熟悉工作环境，达成共同心智，这样有利于发掘隐性知识。

此外，图书馆是由多个部门组成的，如流通部、采编部、检索部等，缺少任何一个部门图书馆都不可能正常运转，所以部门之间也应常沟通，各部门应该将自己所拥有的隐性知识贡献出来。要想将这些隐性知识整合出来可以借助以下两个方法：一是采取合作的形式，通过合作让各部门之间对彼此都有一个更深层的理解并彼此吸取各自的经验和知识。二是各个部门将自己所拥有的所有显性知识通过认真的分析与整合，共享到每一个部门中去，让这些知识成为大家的知识，让所有人共同进步，从而全面提高图书馆的工作水平。此外，各个部门还应该进行频繁的联系和交流，例如流通部根据用户的借阅情况向采编部提出采购意见，这样采编部才能查缺补漏，采购到用户最需要的文献资源，为用户提供更优质、快捷的服务。

图书馆之间的知识挖掘是指各个图书馆应该将自己的显性和隐性知识加以共享，让其他图书馆去研究和挖掘自己的知识，达成互帮互助，共同进步的局面。例如实力较强的图书馆可以定期开设知识讲座，将自己的工作经验和吸取的教训分享给其他图书馆。此外，图书馆之间可以将彼此的隐性知识进行归纳总结，最后形成统一的工作制度与管理办法，在各个图书馆之间进行交流和学习，使之转化为显性的知识。

（四）应用

1. 建立门户网站和搜索引擎

智慧图书馆应该建立属于自己的智慧门户网站，用户可以登录网站了解该智慧图书馆的详情并可以进行系列的服务，比如借还书、预约图书馆座位、网上即时参考咨询等。网站还应设立网上学校，用户可以根据自己的喜好进行相应知识的网上学习，在学习结束后如有疑问还可以反馈给相关的学科馆员，学科馆员会及时地与用户沟通帮助用户解决问题。另外智慧图书馆还应将定期开设的知识讲座在其门户网站上进行同步直播，将直播内容有效保存并在其网站上设立链接，使得没有时间亲临现场的用户也可以获取讲座的内容。

如今大型搜索引擎如百度等都可以提供大众化的信息，用户要想真正在此类搜索引擎中获取一些较高水平的专业知识会变得相对困难。所以在建立门户网站的同时，智慧图书馆还应建立属于自己的搜索引擎，可以通过智能技术将大量的网络信息进行去重并重新归纳和整理，形成全新的知识精华，并将这些知识精华导入到自己的搜索引擎数据库中，供用户使用。与此同时，搜索引擎还应该设立反馈平台，当用户利用搜索引擎没有搜到自己所需的知识时，其可以利用反馈平台将自己的意见或所需知识告知智慧图书馆，智慧图书馆会根据用户的要求采取相应的措施。

2. 建立移动端知识服务平台

智能手机、平板电脑的出现无疑宣告了计算机不再是人们获取网络信息的唯一途径，加上我国工信部向移动、联通、电信正式发放 TD-LTE 牌照后，5G 网络逐渐在我国普及。这为构建智慧图书馆移动端知识服务平台打下了坚实的基础，它可以在智能手机和 5G 网络的支持下，为用户提供更方便、高效的服务。

移动端知识服务平台打破了以往传统图书馆的服务模式，例如有的人由于工作或其他原因根本没有时间亲临图书馆享受相关服务，移动端知识服务平台的出现完美地解决了这一问题，让用户可以利用自身的碎片时间来获取自己感兴趣的知识而不耽误用户的宝贵时间和精力。用户可以通过移动端知识服务平台浏览文献资源、借阅书籍、收看知识讲座等物理图书馆所拥有的大部分服务，其最大的优点就是用户可以完全摆脱时空的束缚，在任何地点、任何时间都可以享受到图书馆的优质服务，它就像用户身边的知识管家一样，随时随地听从用户的差遣。此外，在建设移动知识服务平台的同时，还应该时刻注意用户的反馈意见，虚心采纳用户的建议并及时进行调整，使之更适合用户使用，做到真正的人性化。

3. 自助图书馆

自助图书馆是指利用物联网、RFID 等智能技术建成的图书馆。自助图书馆是一个智能的、无人看守的 24 小时图书馆，它可以为用户提供借还书、办理图书卡、预约图书和检索服务等。自助图书馆不受时间的限制，用户随时随地都可以使用它，这不但节省了图书馆的人力资源，还方便了用户。

（五）技术

1. 物联网技术在智慧图书馆中的应用

物联网是一个充满智能化的网络，是指通过一系列智能技术，按照一定的标准，把一切物品与网络相连，进行资源通信和彼此交流，最后形成一种集智能化管理、整合、定位、跟踪等特征的网络。

在物联网的支持下，智慧图书馆可以通过智能手机、平板电脑、红外感应设备、GPS等感知设备，对图书馆的各类载体资源、图书馆的运营状况、用户的使用情况等进行深度感知、测量、捕捉和传递。智慧图书馆可以利用物联网的特点，使得人、物、资源三者之间，在任何时间、地点下都可以进行互联互通，并在此前提下用户可以让智慧图书馆按照自己的要求，定时地推荐和推送自己感兴趣的信息，形成个性化的定制与推送知识服务。此外，在物联网环境下，智慧图书馆应该始终秉承以人为本的核心服务理念，利用高端的智能技术时刻感知用户的体验状况，熟知用户的需求，积极采纳用户提出的建设性意见，并创新出多种适合和方便用户的服务方式，让用户自主选择所需要的服务形式，如24小时自助图书馆、RSS订阅服务等。

2. 云计算技术在智慧图书馆中的应用

云计算可以将资源储存到"云网络"中，用户通过"云网络"获取或储存自己的资源，这样可以节省图书馆的存储成本，方便用户使用。

在智慧图书馆的每个角落里，都安置了云计算传感器节点，这些节点利用云计算技术可以访问远端各式各样的网络信息、知识库、数字图书馆等，通过将这些资源全部融合到一起，利用云计算节点上的智能数据挖掘整合系统对这些资源进行再处理，使之容易让用户使用和接受，并为图书馆新开发的知识服务提供技术支持。但是仅凭智慧图书馆里的这些云计算传感器节点来处理它们所搜集的这些大量资源是远远不够的，为了处理资源更加高效，需要借助云计算的思想，也就是在网络中设立大量的云节点，图书馆将需要处理的资源上传到云节点，云节点经过精确的计算处理完资源后再返还给图书馆，这样使得每一个图书馆的资源处理平台都拥有一个良好的资源处理支撑环境，且提高了效率。此外，当图书馆的资源过大已经超过了图书馆的储存负荷时，图书馆可以将这些资源存储到云计算环境中。

综上所述，将云计算应用到图书馆中不但可以提高其处理资源的速度、减轻存储负荷，还能以相对较小的成本去实现一些智慧图书馆环境下的特色知识服务。

3. 大数据技术在智慧图书馆中的应用

大数据技术的出现不是为了可以掌控容量巨大、类型繁多的资源信息，而是对这些资源的再处理、深度挖掘，通过对资源的重新"改造"实现资源的"增值"。

在智慧图书馆中，大数据技术可以捕捉到用户大量的信息，包括他们的兴趣爱好、擅长的领域、检索习惯、行为等，通过对这些信息的深入研究和分析，可以了解到用户真正需要的是什么，在充分掌握了用户的需求后，智慧图书馆才能选择最恰当的服务方式来为用户服务，大数据技术可谓起到了"对症下药"的作用。

此外，可以利用大数据的深度挖掘技术，将大量隐藏在显性知识中的隐性知识挖掘出来，为用户所用，这不但大大提高了资源利用率，而且还提高了服务质量。

4. RFID 技术在智慧图书馆中的应用

射频识别（RFID）是一种无线通信技术，可以通过无线电信号识别特定目标并读写相关数据，而无须识别系统与特定目标之间建立机械或者光学接触。

RFID 技术在智慧图书馆中有着广泛的应用，如：

（1）自助借还系统

它区别于以往的借还书系统，用户可以通过射频识别技术一次性完成多册图书的借还，这大大节省了用户的时间，减少了用户排队的可能性，提高了效率。

（2）智能化管理

RFID 技术可以对图书进行智能分类和清点、自动分拣、整理书架等，这些平常需要人工完成的烦琐工作现在都可以用机器来替代，这减轻了图书馆员的工作负担，可以让馆员有时间提高自己的知识素养，完成从图书管理员到知识服务者的蜕变。

（3）智能定位

图书馆将馆内的所有馆藏都贴上 RFID 标签和传感器，利用 RFID、全球定位系统等智能技术可以让用户很快地找到所需的文献资源。此外，图书馆每天会产生大量的错架、乱架的图书，这难免降低了图书馆的服务质量，馆员可以通过 RFID 查询系统，将错架、乱架的图书编码输入到系统中，系统会快速感应最后识别出图书的位置，这样就完美解决了图书管理工作中的难题，为馆员和用户带来极大的便利。

第三章　新媒体环境下图书馆移动服务模式的实现与提升

第一节　图书馆移动服务模式的设计

一、图书馆移动服务模式设计的出发点
（一）注意服务群体的差异性

移动互联技术的发展，促进了移动图书馆的快速发展，移动图书馆服务质量研究受到学者们的普遍关注，包括移动图书馆用户需求服务质量内涵、影响因素、测评指标、评价模型研究等。除建立评价移动图书馆服务质量的科学标准之外，更要针对读者需求和移动服务特性思考移动图书馆的服务质量控制，移动图书馆用户需求的差异化、个性化特征日益明显，更有学者提出识别目标用户群并细分用户群体，进而获取其使用移动图书馆的效用差异。在需求的表现上，不同特征的用户有所不同，由于受到使用目的、使用环境、使用能力等多因素影响，用户对移动图书馆的服务质量感知是存在差异的，不同用户群的价值感知差异性是导致用户满意度不同的根源。对用户进行感知调查，发现不同特征的用户对服务评价的差异，有助于根据差异程度提出更精细的、更具有针对性的、更合理客观的、更全面的服务改善建议。从用户感知差异的角度去探讨服务质量有助于深化理解用户与移动图书馆服务质量的关系，得出客观而全面的服务建议，对于及时改进和完善移动图书馆服务、满足用户多样化的需求，提升用户对服务质量的感知、增强用户使用移动图书馆的意愿、提高用户满意度有着重要的意义。目前，移动图书馆服务质量研究领域的用户感知差异分析研究成果比较少见，近似的研究成果主要集中于图书馆整体服务质量感知领域，且差异性分析方法单一，对于不同类型用户的服务质量感知差异识别能力稍弱。

在设计图书馆移动服务模式时，需要充分考虑服务群体的差异性，以满足不同用户的需求和提供个性化的服务。以下是一些注意事项：

（1）用户需求调研：进行用户需求调研，了解不同用户群体的信息需求、阅读偏好、使用习惯等，以便根据不同群体的需求进行差异化服务设计。

（2）多样化的服务内容：根据用户群体的差异性，提供多样化的服务内容。例如，针对学生群体可以提供学习辅导、考试资料等服务，对于职场人士可以提供职业发展书籍、专业培训资源等。

（3）定制化的服务方式：考虑不同用户群体的生活习惯和使用场景，提供定制化的服务方式。例如，为年轻人群体提供移动应用程序或社交媒体平台上的在线阅读服务，为老年人群体提供上门服务或电话咨询等。

（4）多渠道的服务交互：为了满足用户群体的差异化需求，提供多渠道的服务交互方式。除了移动图书馆的实体服务车辆外，还可以考虑在线图书馆平台、社交媒体、电话咨询等多种渠道，方便用户随时随地获取图书馆服务。

（5）个性化推荐和咨询：基于用户的阅读历史和兴趣偏好，提供个性化的图书推荐和咨询服务。可以利用数据分析和推荐算法，为用户推荐符合其兴趣的图书、文献资源等。

（6）多语言和文化适应性：针对多元文化社区和非本地用户，提供多语言服务和跨文化适应性。考虑提供多语种的图书和资料，以及多语言的服务咨询和指导。

（7）用户教育和培训：针对不同用户群体，开展用户教育和培训活动，提升用户对移动图书馆服务的认知和使用能力。例如，举办读书俱乐部、培训讲座等活动，帮助用户更好地利用移动图书馆资源。

综上所述，服务群体的差异性是图书馆移动服务模式设计的重要考虑因素。通过针对不同用户群体的需求进行个性化服务设计，可以提高用户体验，促进移动图书馆的服务覆盖和影响力。

（二）努力创造"移动服务机遇"

社会公众对移动通信技术理解与掌握的差距，形成了事实上的利用素养与技能鸿沟，这种鸿沟不但影响了公众对移动信息与知识的获取利用，而且妨碍了他们从中获取利益、参与社会生活、开展创造活动的权利与机会，形成了新一代的移动弱势群体。因此，消除公众利用移动服务的素养与技能障碍，努力创造"移动服务机遇"，减少知识贫困、社会分化、社会排斥现象，维护弱势群体利用信息与知识的权利，就成为图书馆移动服务模式设计的重要战略。

1. 专业技术平民化

让计算机、互联网以及高速网络等先进技术进入普通民众家庭。

2. 技能培训规范化

让训练有素的专业技术人员深入基层，为民众提供正确、规范的技术培训和教育。

3. 网络内容实用化

针对用户的客观需求来编纂、设计和提供网络服务内容以及各种应用软件，让所有人都能利用新技术最大限度地发挥自身潜力。[1]

二、图书馆移动服务模式设计的原则

图书馆移动服务模式设计的目的是打破终端、硬件设备、系统、数据格式之间的分割与界限，整合信息资源，为用户提供一站式的知识服务。其工作重点是面向分布、异构的数字信息资源，通过服务集成构造统一的知识服务平台，实现知识服务的集成与信息资源的共建共享。[2] 因此，图书馆移动服务模式设计将按照实现信息资源共建、共治、共享的建设思路，在推进各图书馆信息资源的开发利用的基础上，形成有效的信息资源集中管理模式和共享机制。在设计上要体现以用户为中心的理念，遵循业务驱动服务、服务驱动技术的设计思想。具体优化过程中应坚持以下原则。

（一）经济性原则

图书馆移动服务模式设计要从图书馆的现实经济现状和信息化建设的实际出发，充分利用和整合各图书馆现有的信息资源与技术资源，避免重复投入；移动平台实现应尽量采用成熟技术，保障开发的可行性，提高效率、降低开发与维护成本；要以政府投入为引导，通过市场运作吸引社会投资的参与，减小财政压力；广泛调动社会资源，优化系统的管理模式，确保运营成本最低。

（二）开放化原则

服务对象开放化。目前，图书馆全面向社会开放、实现资源的开放共享与存取已经成为社会发展的大趋势。高校图书馆及其他类型图书馆应该采取积极的态

---

[1] 张赐祺. 消弭数字鸿沟：美国弱势群体信息权利保护的理论与实践 [J]. 毛泽东邓小平理论研究，2012（4）：98—104.

[2] 易菲，龙朝阳. 基于 SOA 的联合数字档案馆构建研究 [J]. 档案学通讯，2011（2）：56—60.

度来迎接这一挑战。具体做法可以效仿软件认证的方式：在移动图书馆中增加临时用户权限，并为其设置相应的访问权限，社会用户只要以 GUEST 用户身份登录，就可以利用 OPAC、期刊导航及部分免费及试用数据库资源。① 这样，既保护了高校师生的正当权益，又能够最大限度地共享高校移动图书馆资源与服务，规避相应的版权风险，从而有效地扩大移动图书馆的服务对象群体，提高移动服务的覆盖率，更好地满足社会公众日益增长的移动文化需求。②

（三）生活化原则

服务功能生活化，对于什么样的服务是读者最需要、最实用的图书馆移动服务，图书馆界一直没有达成一致的意见。例如：中国人民大学图书馆推出了图书馆座位管理系统，可对部分座位进行网上预约，前一天 0:00-23:59 可预约第二天开馆时间的座位。

以下是一些生活化原则的具体内容：

（1）用户参与：鼓励用户积极参与图书馆服务的规划、设计和评价过程。通过用户反馈、需求调研和用户参与活动，了解用户的实际需求，并根据用户的意见和建议进行调整和改进。

（2）便捷可及：将图书馆服务提供给用户时，注重便利性和可及性。例如，提供多个渠道的借还书服务，如自助借还机、移动应用程序等，让用户可以随时随地借阅和归还图书。

（3）多样化的资源：提供多样化的资源，涵盖用户不同的兴趣和需求。除了纸质图书，还可以提供电子书、音频书、视频资源等，以及与当前热门话题相关的资料，满足用户的多样化阅读和学习需求。

（4）个性化推荐：根据用户的阅读历史和偏好，提供个性化的图书推荐和服务建议。通过数据分析和推荐算法，向用户推荐符合其兴趣和阅读习惯的图书和资源，提供更精准的服务。

（5）社区共享：将图书馆服务与社区生活相结合，成为社区居民的知识和文化中心。通过与社区组织、学校、企业等合作，开展读书俱乐部、讲座、培训等活动，丰富用户的社区生活。

（6）教育培训：为用户提供阅读、信息素养和技能培训等教育服务。开展

---

① 邵文雯. 我国移动图书馆服务模式现状与发展趋势分析 [J]. 才智，2014（2）：308.
② 梁欣，过仕明. 我国移动图书馆服务模式现状与发展趋势 [J]. 情报资料工作，2013（5）：98-102.

读者教育活动，提供信息素养培训课程，帮助用户提升阅读和信息获取能力，提高终身学习能力。

（7）创新技术应用：结合现代技术，提供更便捷、个性化的图书馆服务。例如，利用移动应用程序、虚拟现实、增强现实等技术，提供在线阅读、图书推荐和虚拟参观等创新服务体验。

（8）反馈和改进：建立用户反馈渠道，定期收集用户意见和建议，并针对用户反馈进行改进和优化。持续改进图书馆服务，确保服务与用户的需求和期望保持一致。

（四）以用户为中心原则

用户是图书馆开展一切知识服务的出发点与核心。我们要根据用户信息需要与信息行为的特点，以用户为中心设计与优化图书馆现有的服务模式。

1. 多样化原则

多样化是对服务方式的要求。用户在移动服务过程中可能会需要不同的服务方式，如检索服务、专题服务、咨询服务，移动服务模式所能够提供的服务方式要尽量多样化，以满足用户日益增长的知识需要。

2. 可近性与易用性原则

可近性是对于移动服务信息源与传播渠道的要求，它要求移动服务尽量降低用户利用的成本与门槛；[1] 易用性是对移动服务使用的要求，它要求移动服务模式遵循方便、快速的原则。设计开发中充分考虑到使用上的方便、快捷，层次结构精简、清晰，能够高效、快速地为用户提供准确的信息。

3. 实时性与针对性原则

实时性是对移动服务传递时间的要求，它除了要求移动服务模式能够提供最新的信息资源，还体现在图书馆能够对用户的反馈作出第一时间的响应。针对性是对信息传递过程的要求，它要求图书馆在移动服务过程中能够根据服务对象与实际情况，有针对性、创造性地开展工作。

4. 相关性与适用性原则

相关性与适用性是移动服务模式是否有生命力的关键所在。相关性要求图书馆移动服务模式要尽可能为用户提供数量巨大的相关信息，为解决问题提供数量

---

[1] 杨雅芬，李广建. 基于TAM3的数字图书馆用户技术接受模型研究[J]. 图书情报研究，2012（3）：15-24.

上的保障；适用性是相关性的基础，要求服务结果不但能够满足用户认识到的现实信息需求，而且还能够满足其客观信息需要。因此，图书馆要通过提供卓有成效的移动服务，努力实现这一目标。

第二节 构建图书馆移动服务模式运行框架

一、设计图书馆移动服务模式运行框架

针对移动互联网环境设计全新意义上的图书馆移动服务模式，即通过非网络的常规服务与网络服务相结合的方式为社会公众提供移动信息服务。用户不仅能够通过电话、短信等基础服务实现馆藏信息查询、预约、续借、用户借阅信息查询、用户管理等图书馆传统服务功能，还能够通过 WAP 网站、客户端应用提供位置定位、二维码、流媒体等深层次服务。移动信息服务系统主要包含非网络的常规服务平台、短信平台、WAP 网站服务平台、客户端应用服务平台、微信公共平台等五大功能模块，通过常规服务与网络服务方式相结合，基本能够满足各类图书馆服务对象的需求。

二、图书馆移动服务模式框架的实现

（一）常规服务模式的实现

对于非网络的常规服务模式，图书馆可以在以下方面大力开展卓有成效的"移动扶贫"工作。

1. 创建社区分馆技术服务中心

向买不起电脑、移动终端的人提供电脑硬件和移动信息技术的操作技能培训。

2. 提供移动终端设备与网络接入环境

图书馆以低廉的价格或免费向民众提供电脑硬件和移动终端设备，在图书馆内大力营造免费的 Wi-Fi 和 WLAN 环境，力图在实体馆覆盖的小环境内，率先实行移动信息"扶贫"。

3. 开展移动服务内容培训

图书馆向民众积极开展移动信息技术、图书馆移动服务内容培训。可以通过

举办讲座、发放宣传单、手册、课件光盘的形式，增强社会公众的移动信息意识，提高他们的移动信息素养与利用技能，逐步消除他们对移动图书馆服务的畏惧感与排斥感，增强可接触感与亲近感，通过非网络的常规服务，让没有电脑和终端设备、不具备利用技能的社会公众也能够利用移动图书馆信息服务。

（二）短信服务模式的实现

短信服务模式的先天不足与一成不变严重影响了其服务功能与服务效果，使得其在数字时代逐渐淡出了图书馆主流移动服务的视野。实际上，对于那些不具备接入移动互联网条件的广大社会公众来说，短信服务模式仍是他们在移动时代利用图书馆服务的有效手段与渠道。[1] 图书馆应深入挖掘短信服务模式的潜能，对更多的图书馆传统服务功能进行重组与改造，使其延伸到短信与电话语音服务上，让短信与语音服务上承载更多、更丰富的动态内容与功能，从而使图书馆的移动服务更具有主动性、广泛性与亲近性。

1. 语音参考咨询

语音方式的参考咨询是指将文本、音频集成于一体，提供在线、即时的咨询方式。这种服务模式将参考馆员的咨询电话嵌入短信，用户只需点击短信中的电话信息即可与参考咨询馆员进行面对面的实时交流这样，用户不必再记忆复杂的咨询电话号码，只要通过短信中的咨询电话就可以联系到参考咨询馆员，馆员也可以在第一时间内对读者提出的问题予以解答。这同时也解决了传统短信服务需要用户背诵短信指令、信息易堵塞、受网络通畅影响大等多重难题。[2]

2. 主动型的短信

短信服务模式可以提供基于文本、语音等多种方式的参考咨询服务。短信服务是图书馆移动信息服务的重要组成部分，而传递资讯又是短信最主要的功能。作为以文本信息为主要承载内容的服务模式，图书馆要充分发挥短信服务模式在传播新闻资讯方面"小""快""灵"的特点，创新出主动型的服务模式。作为图书馆移动信息服务的初级阶段，图书馆短信平台主要向社会公众提供传统的借阅信息查询、超期提醒、到期催还、图书预约、续借、读者管理等功能。需要注意的是，这里所列出的许多功能并不是图书馆主动提供的，而是被动提供服务的。所谓被动提供服务是指用户需要编辑包含特定格式的指令所组成的代码短信，然

---

[1] 王海花.几种移动图书馆服务模式的比较分析 [J].甘肃科技，2014（10）：69-71.
[2] 张赐祺.消弭数字鸿沟：美国弱势群体信息权利保护的理论与实践 [J].毛泽东邓小平理论研究，2012（4）：98-104.

后将其发送到指定的服务号码，经短信平台处理后才能返回相应的查询内容。短信服务作为移动图书馆服务的重要手段，图书馆必须在主动服务、个性化服务方面深入挖掘、创新其服务内容与手段。

（1）网络宣传

通过电视网、广播网、因特网大力宣传图书馆移动短信服务的内容、方式与手段，使短信服务的观念深入人心，让每个社会成员都能知晓图书馆的短信特服号码。

（2）通过技术手段主动推送信息

图书馆大力升级、改进移动图书馆管理系统，主动、及时地推送借阅、预约等流通服务信息。

（3）深化服务内容

改变过去短信服务只推送图书馆简介、新闻、讲座、规章制度等介绍性信息为主的服务模式，通过短信平台与移动图书馆自动化管理系统的无缝链接，动态地提供诸如电子阅览室剩余机器数量、生活小技巧、馆藏利用率、出行指南、热门资源推介、国内外重大新闻等社会公众生活中喜闻乐见的实用信息。

（三）WAP网站服务模式的实现

1. 界面设计

考虑到不同群体在网络接入条件方面所存在的客观差异，尤其针对用户移动终端的类型与功能差异，图书馆在界面设计时，应该推出两种形式的WAP网站。

（1）文字模式

针对部分用户只能使用传统的二代网络与低配置的手机、网络带宽与移动终端存在利用瓶颈等客观现实，图书馆应对目前的WAP网站进行界面的全方位优化。优化的原则就是既保证资源丰富，又确保界面的简洁明了，使得普通用户也能够流畅访问。去掉占据带宽的图片、FLASH（闪存）、音频、小动画，只保留能够表达网站思想、实现网站功能的基本文字内容；在版面安排方面多采用照顾普通网民使用习惯的设计风格。例如：将每个网页的版面限制在一个移动终端屏幕所能容纳的范围内，尽量不使用滚动条等不适合在小移动终端屏幕上所使用的元素；考虑到普通用户在移动终端上输入文字不便的现实情况，尽量减少文本框等元素的使用，而代之以列表框、单选、多选等贴心设计；减少网页链接的层数。网页调查显示，"网页信息每深入一层，用户多点击一次，就会损失一些访问者"①，这一点对于 WAP 网站用户更具有重大的现实意义。用户在 WAP 网页之间切换时，远没有在台式电脑上那样方便与快捷。因此，要严格控制 WAP 网站链接的层数，链接的层数尽量不多于两层，并在次级页面链接的位置上设计醒目的返回按钮以方便用户的定位。通过以上设计举措，使得普通的社会公众在访问 WAP 网站时，就能根据所给出的醒目提示，选择适合自己情况的 WAP 网站利用模式。这种设计，使得在接入移动互联网络方面存在巨大差距的用户在文本模式下也能够体验到贴心的设计、浓厚的人文关怀。

（2）多媒体模式的 WAP 网站

多媒体模式主要针对接入与使用硬件条件较好的用户，高配置的智能手机、强大的处理器与操作系统、大容量的网络带宽支持使得图书馆可以放心地在网页界面中加入 FLASH、音频、视频等丰富多彩的表达元素，选择高品质的色彩、图像分辨率、过渡效果，使用多框架、Java 等多种网页设计技术，从而使得这部分用户充分体验到多媒体模式所带来的炫彩享受。②

2. 功能设计

WAP 网站服务模式是国内外移动图书馆所采用的主流服务模式。目前，我国同国外先进移动图书馆在服务内容与功能方面还存在着较大的差距，这种差距主要体现在国内移动图书馆 WAP 网站所提供的服务内容仍主要集中于流通服务、数据库检索等传统的图书馆服务，其只不过是将传统服务延伸到手机等移动终端上面。移动图书馆服务的内容、功能方面并未发生实质性的改变，创新程度不大，因此不能够对移动用户产生足够的吸引力。为此，我国图书馆一方面要丰富 WAP 网站服务模式的内容，除继续深化图书馆传统的流通、参考咨询服务之外，还要积极拓展全新的图书馆服务（电子书、音频、视频下载、讲座预约、租借计算机）；继续增加能够直接面向用户需求的服务类型，例如，提供城市中图书馆网点及其分布地图、图书馆电话、开放时间、出行指南、办证方式等贴心服务；针对广大社会用户，广泛提供他们日常生活需要提供的诸如政策、法律、饮食、医疗、交通、教育各方面的综合信息。另一方面，图书馆要大力加强与用户的交流与互动，改变用户传统观念中移动图书馆服务冷冰冰的感觉，提供 FAQ、服务

---

① 宋毓.高校图书馆网站改版设计理念与实践探索［J］.科技情报开发与经济，2008（3）：24-26.

② 孙杨.高校移动图书馆服务模式探析——以北京航空航天大学移动图书馆为例[J].当代图书馆，2012（3）：32—35.

意见交流版、读者建议微博、视频参考咨询、图书馆读者 QQ 群、微信群、离线参考咨询等交流服务，拉近用户与移动图书馆的距离。

（四）客户端服务模式的实现

目前国内提供客户端应用服务模式的移动图书馆还不是很多，可供利用的客户端应用资源也不是很丰富，用户的利用率也不是很高，也没有调动社会公众利用客户端应用的积极性与热情。为此，我们应该大力加强对先进信息技术的学习与借鉴，拓展客户端应用的规模和使用范围，促进客户端服务水平与内容的不断深化，实现由低层次服务到高级别服务、由实验中到可应用于实践的普遍推广的转变。[1]本书以图书馆移动服务导航系统为例，介绍客户端应用在我国移动图书馆中的巨大发展前景。图书馆移动服务导航系统是图书馆依托先进的数据库技术、云计算技术、存储技术而开发的全新客户端应用。为向全社会公众提供更加方便、快捷的移动信息获取渠道，图书馆以云计算技术为基础，在全国图书馆界建立一个海量存储的移动信息化体系，即"移动服务云"项目。图书馆"移动服务云"项目以一个核心为基础，两大辅助系统为支撑。一个核心为移动服务综合数据中心，两大辅助系统为公众信息咨询系统、行业管理系统。公众信息咨询系统功能是借助于遍布城市的查询终端与用户手机上所安装的智能导航系统来实现的。用户身处城市之中，只要点开手机中安装的"图书馆移动服务导航系统"应用，就可以随时随地以语音方式播报全国每一个城市的图书馆网点介绍，包括周围的吃、住、行、游、购、娱等各种旅游相关信息。移动图书馆智能手机导游系统只是上述的"移动服务云"工程中的一部分内容。当进入到某个实体图书馆之后，用户首先利用手机 SIM 卡应用完成身份识别与认证。然后借助导航系统"进入"到该图书馆网点，进入后，该图书馆的基本情况、楼层分布、资源利用方式等指南信息就以二维或三维可视化的方式展现在他们面前。在导航定位的指引下，用户不但可以在短时间内找到所需要的库室，而且利用 QR 二维码软件应用，还能够智能识别书架上所标示的资源信息，从而准确地定位到自己所需要的信息资源。与以往不同的，用户通过移动网络，在未来的移动图书馆中不但能够查询到本馆的馆藏信息，而且能够检索到国内所有图书馆的馆藏资源。在此基础之上，用户借助于丰富的应用不但可以在区域联盟内部实现通借通还所有传统的

---

[1] 朱雯晶, 张磊, 王晔斌, 等. 图书馆手机客户端的探索实践[J]. 现代图书情报技术, 2011（5）: 13—19.

印刷资源，而且还能够广泛共享联盟内的所有数字信息资源、应用服务、硬件设备。

行业管理系统主要包括"移动服务云"中心、信息预测预报系统等。城市中所有移动图书馆管理系统均与其联网，图书馆云中心可以通过数据分析计算出每一个图书馆的人流情况，从而为突发事件提供支持依据。通过这一系统，中心还可随时掌握图书馆的利用率等相关信息，完成对相关图书馆的读者信息统计，把握各图书馆的读者变化趋势，从而有效引导节假日与高峰期读者。高技术的客户端应用将社会公众与移动通信网络、移动图书馆服务无缝地融合在一起，社会公众可以通过应用享受到方便、快捷的移动图书馆服务体验；移动图书馆在提供客户端服务的同时，自身服务的自动化、系统化水平、信息资源的共享化水平也得到了极大程度的提高。客户端应用代表着未来图书馆服务的发展趋势，因此，图书馆应与自动化管理系统开发商、移动服务通信商、移动互联网服务提供商、应用软件开发商密切合作，开发出功能更加丰富、操作更加便捷、更富于人文化的客户端应用，以满足社会公众日益增长的服务需求。

（五）微信服务模式的实现

1. 基于微信的我国图书馆移动服务的现状

作为一种新型的信息传播平台，图书馆利用微信公众平台可以更好地满足泛信息环境下用户的需求，因此得到快速发展。本书对国内不同类型的图书馆利用微信公众平台提供服务的情况进行了深入调研，认为移动图书馆对微信公众平台的应用主要体现在以下几个方面：[①]

（1）资源推荐

利用微信对馆藏图书进行推荐阅读是移动图书馆应用微信公众平台的最典型的功能，也是图书馆利用新技术、新媒体手段宣传馆藏资源的有效途径。馆藏图书的推荐方式多种多样：重点图书推荐、图书清单列表式推荐、读者推荐文章等。在网络文章的选择方面，不同的图书馆所采取的标准或者题材差别较大。例如：北京第二外国语学院图书馆微信平台选择求职写作以及软件使用等方面的题材进行推荐阅读；而长沙图书馆通常选择网络上涉及长沙市的文章予以摘录推荐。

[①] 王保成，邓玉. 微信公众平台在国内图书馆服务中的应用实践研究[J]. 图书情报工作，2013（20）：82—86.

（2）活动预告

活动预告是图书馆应用微信公众平台开展服务的重要功能，很多图书馆将本馆将要举办的各种培训讲座以及其他类型的活动在微信平台上进行预告。由于微信的用户数量庞大，而且微信传播具有及时性和一对多的特点。因此，可以保证图书馆所发布的活动预告信息能够快速地传送到读者手机或移动终端上，图书馆的用户群能够及时地了解到图书馆将要举办的活动。

（3）通知服务

通知服务也是图书馆应用微信公众平台提供服务的基本功能。例如：假期来临时，很多图书馆会告知读者图书馆服务时间的调整、借期调整等。另外，图书馆还会发出一些温馨提示，如提醒读者注意防暑降温、毕业时记得还书退卡等。

（4）参考以及咨询

微信公众平台在后台为平台用户提供一种编辑模式，即可以为某些方面的问题预设一些答案，根据网友回复的内容而进行自动回复（如天气、股票、彩票等信息）。通过调查发现，目前大部分图书馆的微信公众平台都设置了自动回复，网友可以在首次关注微信公众平台或者在与微信公众平台的对话过程中看到相关的信息。

（5）活动报道和信息推送

对图书馆内举办的一些活动进行报道也能帮助图书馆很好地宣传自己。例如清华大学图书馆会对馆内举办的展览进行报道。此外，对机构的消息进行推送和宣传也是图书馆微信公众平台常用的一项功能。例如首都师范大学图书馆针对本校学生在英语竞赛中取得优异成绩的消息在微信平台上进行了推送；中国人民大学图书馆对校内的英语竞赛喜讯做了报道和宣传。

2. 基于微信的图书馆移动服务的深化

目前，我国图书馆在应用微信服务方面主要存在着更新频率低、个性化开发程度不高、开放性不足、服务的内容与层次距离读者需求还有较大差距等问题。为此，我国图书馆应积极开发微信公众平台新功能。在有条件的情况下，可以尝试为读者开发新的功能，积极为他们提供个性化服务，扩大服务应用范围。

（1）基于位置的增强现实服务

微信公共服务平台提供获取用户位置信息的接口。如今的智能手机大多具有 GPS 功能，将位置信息与图书馆的特色库结合起来，可以实现移动增强现实（augmented reality），尤其是在增强旅行（augmented walking tour）领域。增强旅行是让用户在移动的过程中直接就可从图书馆数据库中获取相关资料,如照片、历史记录、录音、视频等。[①] 图书馆可以通过位置坐标信息为读者提供不同的历史典藏资源,图书馆只需要维护典藏数据接口与微信接口的稳定性。[②]

（2）基于身份特征的学科服务

学科服务是一种以馆藏信息资源为基础,以用户为中心,根据用户需求,面向知识内容,融入用户教学、科研、决策过程,并帮助用户找到问题、获得相关解决方案的一种深层次的信息服务。当用户身份绑定后,通过学科信息推送,可以把特定学科内的学科信息资源、专家馆员、数据库信息和网络信息资源,以学科知识单元的方式传递给用户。通过微信开展学科化信息推送服务,使得用户在任何时间、空间都可以获得各类定制的学科化信息服务,从而为用户的教学与科研工作提供了极大的支持。

（3）基于实时交互的参考咨询服务

作为新兴媒体的微信,具有强烈的自媒体特色,其在实时交互方面具有语音图片、文字等多样化的交互模式,相比传统的参考咨询服务平台具有更良好的沟通方式,因此可以帮助图书馆更及时了解用户感受、收集用户反馈信息,有效协助图书馆准确地把握用户心理、了解用户需求,并且利用微信一对一的私密互动特征,通过文字、语音、视频、图片的不同组合混搭来适应不同类型用户的咨询,更加生动、形象地解决用户的问题,满足用户的各种需求,构建以用户为中心的参考咨询服务平台。

（4）基于社群的图书馆活动推广服务

图书馆可以借鉴论坛板块或类似豆瓣小组的模式,在微信平台中建立多个不同主题的社交圈,并以主题圈子的形式显现:每个微信账号都可以加入自己想要加入的圈子,并在圈子中发布信息、评论或点赞他人信息、转发他人信息。例如:结合馆藏资源荐书系统而推出读书圈,圈子中可以推荐和评论所看过的好书、推荐想看的好书、点赞别人推荐的好书、想看别人推荐的好书；模仿蘑菇街的运行模式,置顶高被赞的推荐；结合学校公共课,开设公共课圈子,圈子中可以共享公共课资源、发布公共课消息、讨论公共课内容等；结合学生社团,可以开设宿

[①] 付跃安. 移动增强现实（AR）技术在图书馆中的应用前景分析 [J]. 中国图书馆学报, 2013 (3): 34–39.

[②] 孙翌, 李鲍, 高春玲. 微信在图书馆移动服务中的应用研究与实践 [J]. 图书情报工作, 2014 (5): 35–40.

舍联盟圈、学生会圈、后勤维权圈等，为学生团体组织的交流共享提供平台。

第三节　图书馆移动服务的提升路径

一、横向拓展图书馆移动服务的运行体系

在改进图书馆移动服务模式时，除上述三种主要服务模式之外，我们应当在横向上拓展运行体系，以此来保证途径的多样化，并提升不同层次用户需求的满意度。横向拓展主要体现在完善非网络的常规服务模式和开拓智慧化移动服务门户两方面。

首先，要不断完善非网络的常规服务模式。由于不同社会个体所占有的社会资源不同，获取知识的方式也不尽相同，但知识对每个人来说都是平等的，移动图书馆作为新兴的知识传播方式应当将社会公平这一理念贯彻落实。图书馆可以在以下方面大力开展工作：创建社区分馆技术服务中心，设立小型电子阅览室，或提供免费的技能培训免费或以其他方式提供移动终端设备与网络接入环境，在图书馆内大力营造免费的 Wi-Fi 和 WLAN 环境。图书馆向民众积极开展移动信息技术、图书馆移动服务内容培训。移动图书馆应当通过完善非网络的常规服务模式，来兼顾社会不同阶层对象的需求，帮助他们消除利用移动服务的素养与技能障碍，简化社会公众使用移动图书馆的门槛，争取通过这一方式满足各类社会群体的需求。

其次，为了适应社会发展潮流和用户更多样化的需求，图书馆移动服务需要更加关注智慧化移动服务门户的开拓微信、微博等自媒体门户在图书馆移动服务中发挥的作用，例如，通过微信平台进行图书或文章推介、活动预告、功能提醒及通知服务、读者咨询和信息推送等。移动图书馆可以通过开发微信公众平台新功能，为读者提供更丰富、便捷的图书馆移动服务，扩大图书馆的宣传和服务范围。基于微信的图书馆移动服务不失为一种良好的图书馆移动服务推广模式，改变了传统图书馆移动服务推广思路，也减轻了图书馆的开发工作量。随着微信平台接口的日益丰富，图书馆微信可开展更多有益的服务。

二、纵向构造层次化图书馆移动服务运行体系

由于用户在接入与使用移动通信网络的硬件条件方面存在着巨大差异，在所

要获取知识的类型上也各不相同，这就要求一个完整的移动图书馆运行体系在内部实现层次化发展。在移动通信网络与移动终端的占有与使用上，主要分为使用普通的 GSM 服务网络手机的用户群体，拥有较高性能的智能手机的用户群体，以及拥有 iPad 等高端移动终端的用户群体。较低端移动终端使用者对移动知识资源获取的要求也相对较少，较高端移动终端使用者更追求丰富化且个性化的图书馆移动服务。为了满足这种层次化明显的用户需求，移动图书馆也应根据用户层次来提供服务。

技术上，移动图书馆的设计要满足 4G、5G 网络的时代潮流。短信服务覆盖面广，移动网站查询和交互功能上优势更加明显，这在很大程度上弥补了短信服务的不足。[1]App 有访问速度快、界面优化、体验流畅和个性化定制等优点，有利于丰富服务内容和提高服务质量。[2]内容上，既要有贴近生活的咨询，也要有专业领域的科研信息，图书馆移动服务纵向层次的划分是十分必要的，这不仅能够针对核心用户来进行项目设置和内容调整，也能关注到潜在客户的需求，提升服务效果。如今许多图书馆在移动服务中都呈现出短信服务、移动网站服务和移动应用并存的趋势，这正是践行了层次化移动图书馆运行体系建设。划分层次是体现一个移动图书馆完整性和专业性的方式，这样的移动图书馆更能适应社会变化，随着自身的进步，今后能够在各类社会群体中都占有一定的市场份额。

三、服务方法的创新分析

（一）增加电子资源

学生和老师是高校移动图书馆的主要用户，这一用户群体利用电子资源完成作业或学术科研的需求较多，这对电子资源的数量提出了较高的要求。高校在开展移动服务的过程中应当从用户（学生、老师）需求角度出发，听取用户意见，从品种和数量上增加电子资源，最大限度地满足移动用户的需求。移动图书馆中的电子资源包括文献、期刊、杂志等内容，中文期刊可以供用户无障碍下载，但是外文文献资源在有些高校图书馆中却不能够下载，这样就会严重影响用户的体验感，当用户有需求却不能被满足时，用户就会产生负面心理，觉得移动图书馆

---

[1] 宋恩梅，袁琳.移动的书海：国内移动图书馆现状及发展趋势[J].中国图书馆学报，2010，36（5）：34-48.

[2] 施国洪、夏前龙.国内图书馆移动服务创新模式与提升策略研究[J].图书馆杂志，2014，33（3）：67-73.

不够实用便捷。所以增加电子资源的数量及开放性，是现在亟待解决的问题，充足的学术资源可以为用户提供强有力的学术支持，满足各类用户群的需求，使移动图书馆成为用户不可或缺的新工具。

（二）利用先进技术

移动图书馆应充分利用先进技术拓展图书馆移动服务，如利用云计算开发云笔记功能，能够突破时间与空间的限制，使读者随时随地可以记录自己所需的信息，并在任何时间都能够查看自己记录的信息。移动图书馆还可以发展图书馆微博，图书馆微博具有微博的一般特征，能够基于信息资源和人的关系网络来获取、分享信息，图书馆微博可以整合其资源与用户关系，实现用户与文献资源多方交互的目的，让知识在分享中发挥更大的价值。通过先进的计算机通信技术，图书馆之间以及图书馆与其他网络机构之间可以进行联合协作，通过与通信设备制造商、运营商等之间的充分合作，统一标准和协议，以实现数字图书馆移动服务的"无缝"体验，实现资源、技术、人员和服务的共享。通过合作，可以利用合作方的统计数据来了解用户兴趣，这能够使移动图书馆深化"以客户为中心"的服务理念，为用户打造个性化信息定制。这是图书馆适应市场、了解读者的需求、主动寻找潜在用户和改善服务的关键。

（三）优化用户体验

由于移动图书馆是新兴技术，在某些方面还不够成熟稳定，所以在对电子资源的检索中可能会遇到网站不稳定，打开困难或是下载缓慢，这些都会影响用户的体验感。加强网站建设，为移动图书馆提供更加稳定安全的客户端服务。另外，应优化检索入口，使用户在进行检索时可以方便快捷地找到所需资源，设定"快捷检索"和"高级检索"等功能，力求做到与电脑同步，让用户获得与在电脑上相同的使用感，实现移动图书馆提供信息和读者获取信息的无障碍性。图书馆管理人员可以通过后台批量导入读者的各种信息，根据不同单位、不同身份的读者进行管理。针对这些读者的批量管理设置，每个用户都有独立的启用时间、停止时间，管理员单独发短信和编辑用户信息。

图书馆的服务系统是图书馆开展移动信息服务的关键。从读者服务角度考虑，移动信息服务系统应该与现有数字图书馆系统保持一致性；从系统长期发展的角度考虑，图书馆移动信息服务系统应具有较强的兼容性，以减少资源交互过程中数据的冗余。① 但是，国内大多数图书馆都通过单独新建数据资源来实现图书馆移动服务，这在一定程度上造成服务交叉且数据冗余，进而给数据的维护带来了一定的困难。因此，为了减少中间数据的冗余，解决系统资源交互的问题，图书馆的移动服务系统应当朝着灵活扩展的方向发展，使图书馆移动信息服务的内容和范围可以适应多种变化，移动信息服务系统也能够高速有效地创建相应的接口并提供及时服务。②

移动服务在未来有着巨大的发展空间，图书馆移动服务是移动服务功能的具体体现，是未来的主流服务方式和发展趋势所在。图书馆移动服务应该做到为用户提供信息和使用信息的无障碍性，这就要求移动图书馆必须重视服务质量，从用户和用户满意度的角度出发进行研究，用户的评价才是最权威、最有说服力的评价。③ 移动图书馆必须进一步将创新理念付诸实践，注重服务功能、服务内容的多样性，通过利用新型科学技术来提升移动图书馆的服务质量，构建科学、高效的图书馆移动服务。

---

① 林颖，孙魁明. 基于 WAP 的图书馆移动信息服务体系及 WAPOPAC 应用实例 [J]. 现代图书情报技术，2007（9）：80-83.
② 韩丽，薛海波. 国外移动图书馆现状及我国的发展策略 [J]. 现代情报，2010，30（11）：75-77.
③ 初景利. 图书馆服务质量评价新理论 [J]. 大学图书馆学报，1999（11）：3-5.

第四章 新媒体环境下图书馆数字化建设与管理

第一节 图书馆自动化系统的建设与管理

一、图书馆自动化系统建设发展概况
（一）国外图书馆自动化系统的主要趋势分析

国内外图书馆自动化系统之间存在着较大差距。通过对国外主要图书馆自动化系统的一些特点进行总结，我们可以看到图书馆自动化系统的发展趋势。

（1）基于UNIX（计算机网络操作系统）标准，采用先进的体系结构，支持多种通用平台。这种体系结构为自动化系统的灵活配置提供了充分保证，同时这种体系结构能够将大规模的事务处理分散到多个硬件平台之上，对于将来保持系统的高效运行、实现系统规模的进一步扩充有着重要的意义。

（2）采用大型数据库，提供全文检索和元搜索（Meta-search）功能。元搜索方式也已经引起图书馆自动化系统厂商的注意。利用应用层协议（Z39.50）、LHTML分析以及其他相关技术，用户只需键入一次检索词，Meta-search Engine（整合式搜寻引擎）就会自动将这一检索词广播给多个信息来源，分别检索各个信息源的内容，将各个信息源的检索结果集中整理，最后给出个经过重排序的检索结果。

（3）以Web OPAC为中心，构筑信息门户。"信息门户"的概念正在改变着图书馆自动化系统的发展方向。传统的OPAC仅提供一个图书馆的馆藏查询或进一步提供一些外部的数字资源链接，在整个图书馆自动化系统中处于不起眼的地位。然而随着互联网的发展，OPAC已从图书自动化系统的边缘产品成为整个系统的核心。随着应用层协议（Z39.50）、馆际互借（IBS）的应用，互操作成

为可能，许多图书馆自动化厂商已经将越来越多的服务内容建立在 OPAC 之上，构筑一个图书馆的"信息门户"。

（4）提供数字内容创建和管理平台，实现数字资源的收集加工整理和应用。除馆藏书目之外，图书馆还需面对类型众多、内容各异的数字资源。为了实现对这些图像、视频及其他多媒体内容的管理，将这些内容与传统的书目记录进行集成，图书馆自动化厂商在其自动化系统之上开发和创建了新的数字内容管理平台。

（5）提供开放链接和无线道路，以实现系统间的互操作。越来越多的图书馆认识到链接是这一转换过程中的核心部分。许多图书馆都在创建以期刊为纽带的链接数据库，通过它可以存取到期刊的存刊状况，期刊的 Web 站点，甚至进一步地存取到期刊目次，期刊文摘乃至期刊的文章全文。随着网络技术的迅速发展和不断渗透，移动计算技术实现了任何时候、任何地点都能接入网络获取所需的信息这种服务方式。无论是用户从移动电话还是从掌上设备进行检索，服务器都能给予应答。

（二）我国图书馆自动化建设发展概况

我国图书馆自动化始于 20 世纪 70 年代中期，系统的研发始于 20 世纪 80 年代初，在 20 世纪 90 年代中期，我国图书馆自动化系统的研发曾经出现了一个高潮时期，当时推出了目前在国内较有影响的几个大型自动化系统并提出了"第三代图书馆自动化系统"的概念，图书馆自动化系统完成了由各馆单独开发到商业开发的过程，各馆纷纷购买了新的软、硬件，引进了国内外先进的图书馆自动化系统，提高了图书馆的工作效率和服务水平。

国内较有影响的几个大型自动化系统主要有：图书馆自动化集成系统、文献管理集成系统、丹诚图书馆管理系统、汇文文献信息服务系统、通用图书馆集成系统、金盘图书馆集成管理系统、"文津"图书馆综合管理系统等。以上各图书馆自动化系统基本上都包括八个模块：采访模块、编目模块、典藏模块、流通模块、期刊模块、系统管理模块、OPAL（联机书目查询）、Z39.50 系统模块。

此后，国内图书馆自动化系统处于相对平淡的一个历史时期，无论在理论上还是在整体技术实现上都没有大的突破。有的学者甚至认为图书馆自动化系统已经达到了顶点，没有发展的余地了。然而，近几年随着计算机技术、通信技术和网络技术的不断发展，许多图书馆自动化系统已不能适应当前图书馆工作的需求，工作效率和服务水平都有待提高，特别是在我国信息化水平不断提高的今天，文献信息共建共享势在必行。因此，国内外图书馆自动化系统制造商在"第三代图书馆自动化系统"的基础上对图书馆自动化系统在多个方面进行了较大的改进，扩充了图书馆自动化系统的网络功能。

在我国三大体系的图书馆中，高校图书馆在图书馆自动化方面发展最快。一般来讲，高校和科研图书馆中自动化系统的应用代表着图书馆自动化系统的发展水平和主流市场。与之相比公共图书馆数量最多、分布最广。由于各地区的经济发展水平不一，公共图书馆的自动化水平参差不齐，但是它的自动化水平代表的是我国图书馆自动化建设的整体水平。目前，公共图书馆自动化建设水平较低，而且地区差异性很大，经济发达地区的县、区级以上图书馆都实现了自动化管理，而经济落后地区的市级图书馆都还处于手工操作阶段。

分析我国图书馆自动化系统的使用情况，很容易看出我国图书馆自动化系统在使用过程中的特点——区域性。形成这种区域性特点的原因有两个：①各高校在引进图书馆自动化系统时会到同地区的高校考察，获取系统使用的实践经验，在听取使用情况介绍过程中，受其影响而选择了同一系统；②同一地区或同一联盟的各高校图书馆为了实现地方性的文献信息资源共享而选择同一系统软件，这样有利于展开地区性的联合工作与服务，例如中国高等教育文献保障系统（CALIS）的联合采购、联合编目以及地区性的文献资源共建共享。同样，在近几年的发展中，我国公共图书馆由原来的手工地区性协作网络发展成了现在真正意义上的地区性网络，形成了地区性的文献资源共建共享网络。这种基于同一自动化系统的地区性网络将会是公共图书馆自动化发展的一种趋势，越来越多的地区将会形成这种模式，从而实现全国所有地区、所有系统的图书馆的信息资源共建共享。

随着科技的进步，不管是高校图书馆、科研系统图书馆还是公共图书馆，初次引进的图书馆自动化系统由于受到当时技术背景或自身经济实力制约，在数年之后有些已不能适应当今时代的技术背景，不能满足业务上的时代需求，具体表现在以下几点。①旧的系统已不能处理日益丰富的多样化馆藏资源，比如随书光盘、多媒体资源等。②当前的图书馆自动化系统多是以书目为中心的服务，而目前读者要求的则是以内容为中心的服务，在这一点上自动化系统有待提高。③在网络技术日益普及的今天，我们要求图书馆自动化系统要提供资源与服务整合的功能，甚至是与外部资源的服务接口等。此外，由于图书馆自动化系统开发商自身的问题导致系统的技术支持受到影响，迫使图书馆更换原来的自动化系统。

二、图书馆自动化建设的发展趋势

（一）加强与完善自动化系统的功能

图书馆自动化系统要想更好地为用户提供服务，必须根据用户不同需求的改变来适应各种多样化的使用要求，有效满足用户不同层次的需要。在此基础上，国产图书馆自动化系统必须加强与完善自身的功能。首先要加强自动化系统的信息管理，实现图书采访、编目、流通、存取参考咨询、公共查询、联机检索等作业信息方面的管理；其次要加强信息检索自动化，通过自建的信息数据库并与国内外的数据库系统自由联机或购买数据库开展相应信息检索服务。

（二）加强共享性较强的数据库建设

图书馆自动化系统除了要求在计算机网络方面有所改进外，更重要的是加强数据库的建设，大力发展索引型、文摘型、事实型和全文本型的数据库。要重视数据库的标准化和系统的兼容性与通用性，采取必要的技术保证数据的一致性，从而使数据库具有高度的共享性。当前对系统进行一次开发过程中多数系统都存在着难以逾越的障碍，因此随着图书馆发展需求，新一代系统不应再走一次开发的路子，应从实际出发从数据库基层开始，使产品能真正达到新时期图书馆的网络互联要求。

（三）加强新一代图书馆自动化系统的开发

1. 解决技术问题

图书馆自动化系统开发的正确技术路线是影响图书馆界日后发展的首要问题之一，要开发出适合网络发展需求的新一代图书馆自动化系统，首先要解决技术问题，可从两点考虑：①在已存在的各图书馆自动化系统的基础上解决各系统之间的接口问题，这样各系统之间可以互联，系统功能可互补；②由政府协调和引导，与主要软件开发商拟定合作开发与推广方案，开发商之间不应回避技术困难，应在曾开发过的第一代图书馆系统的经验基础上取长补短，齐心合力攻克难关，扫除一切技术问题，为我国图书馆自动化系统的开发选择正确的技术路线。

2. 解决系统开发的人力资源问题

由于目前在图书馆界具备新系统开发能力和技术的人员有限，但可从原来系统开发的成功项目中吸取经验，打破图书馆界人才难以流动的局面，在全国范围内招聘优秀软件开发人才或高薪引进人才，在原有的、基本的、核心的功能基础上开发出新一代图书馆计算机系统。如果组织合理，有可能短期内就能达到开发目标。

（四）加快图书馆自动化系统网络化的进程

我国图书馆界目前所应用的图书馆自动化系统大多数只是机械地"复制"传统图书馆的各个环节的操作，甚至呆板地照搬手工工作流程，软件的编制多是先由图书馆人员提出传统手工作业工序与流程，然后尽可能地将其一一转化为计算机自动操作模式，未能充分发挥计算机的功能，并不能称为自动化系统，而只能称其为利用计算机对图书馆某些工序进行自动控制。信息网络化将成为图书馆建设的新模式和发展方向是确定无疑的。随着现代化技术的应用，图书馆各个环节的工作将逐步走上网络化、智能化和自动化，服务方式与内容出现多样化，管理模式开始实现协作化。所以，我们应该突破传统图书馆的界限，设计与网络接轨的自动化系统，使图书馆的自动化系统实现网络化，通过网络，各种图书馆进行联合，在资源共建共享的前提下开展各项信息服务，为读者提供更完善更系统的服务。

1. 实现图书馆之间多元接口的网络互联

在当今的信息社会，数字化、网络化已成为现代图书馆发展的必然趋势。传统图书馆要想发生质的变化，首先图书馆自动化系统必须具有强劲的网络互联功能，要达到图书馆之间的网络互联应解决以下多个接口的技术问题：系统接口类——Z39.50联机访问接口、HTML超文本接口、系统与各种关系型数据库的接口、多媒体信息处理接口、全文数据库接口等。

2. 实现图书馆资源共享

通过地区或本系统网络成长，开展联机合作编目、采访协调、馆际互借和联机检索，实现地区性资源共享，并通过本地区或本系统的网络接通国家信息网乃至国际信息网络，参与全国乃至国际资源共享是图书馆自动化发展的趋势。读者方面，实现网上阅读、查找资料，电子阅览室不仅为读者提供了"查找资料"这一图书馆传统的功能，而且为读者开通了一条对外交流的方便而快捷的途径。具体的工作有以下几个方面。

（1）实现UNIX书目数据库共享

读者可以使用主题、分类号、题名、责任者、国际标准书号等检索方法，对中国书库、期刊库、采购库等馆藏书目数据库进行检索并获得相应的书目信息，因此图书馆一定要建设具有特色的专题数据库，为广大读者提供更好的服务。

（2）充分利用国外数据库

开展对国内外大型数据库的检索就能更充分地让读者领略到知识海洋的丰富和享受到获取文献信息的便利，能更好地实现图书馆的工作价值。

（3）图书馆的网页服务

在网上发布图书馆简介、图书馆规章制度、藏书资源布局、开放时间、服务指南、图书馆最新消息新书导报等信息，同时还可以开设网络信息资源，推荐选修课或在文献检索课中增加电子信息检索内容。

图书馆实现自动化、网络化是时代对图书馆的要求，同时也是图书馆发展的必由之路。

第二节　数字图书馆的建设与管理

一、数字图书馆概念

20世纪90年代初期，计算机技术、网络技术、信息存贮技术等高科技的飞速发展使数字图书馆冲破最后的技术障碍，成为信息服务业一个明确的研究开发领域。在其后的十余年里，数字图书馆得到了世界范围的瞩目，美国首当其冲，其数字图书馆先导研究计划第一期的成功和第二期的实施对美国乃至世界各国的数字图书馆建设起到了极大的推动作用。与此同时，各国的数字图书馆研究高潮迭起，有关计划、项目和课题层出不穷，从互联网可以查到的数字图书馆项目、课题就有数百个之多。每一个项目的组织机构都站在各自的角度，以自己的理解对数字图书馆进行开发和研究，使数字图书馆的概念定义和发展形态呈现出跨国界、跨行业、跨学科的丰富性。

对于数字图书馆这样一个正处在不断变化发展的新生事物，确定一个科学、完整而又公认的定义还需要长时间的认识和发展过程，目前经整理过的定义有近百种，它们从不同的角度对数字图书馆的内涵与外延进行了界定。

"中国数字图书馆工程"中提出："数字图书馆是采用现代高新技术所支持的数字信息资源系统，是运行在网络环境下的、超大规模的、便于使用的、没有时空限制的知识中心，是下一代互联网上信息资源的管理模式。"

美国数字图书馆先导研究计划第二期在第一期的基础上重新探讨了数字图

书馆的定义，他们认为："数字图书馆不仅仅是数字馆藏及管理工具的集合，而应包括信息、数据和知识在整个创建、发布、利用、存储等生命周期内的所有活动。"

来自美国国家科学基金会的"国家级挑战"项目报告的定义是："数字图书馆是一系列的信息资源以及相关的、将这些资源组织起来的技术手段，如创建、检索、利用信息的技术；是涵盖了现有分布式网络中所有数字媒体类型（文本、图像、声音、动态图像等）的存储与检索系统。"

此外，引用较多的一个定义是："数字图书馆是一个数字化系统，它将分散于不同的载体，不同地理位置的信息资源以双子化式存贮，以网络化的方式互相连接，提供及时利用，实现资源共享。其核心是数字化和网络化；其实质是形成有序的信息空间。"

综上所述，对于数字图书馆可以给出一个限定外延的描述性定义："数字图书馆是在分布式计算机网络环境中信息资源的组织形式，提供国家信息基础设施（National Information Infrastructure，NII）的关键性信息管理技术，并提供其主要的信息资源库。"对于数字图书馆的内涵可以理解为利用数字技术和计算机网络创建、存储、获取、发布、传播信息的图书馆或信息机构。

二、数字图书馆具有的特征

与传统图书馆相比较，数字图书馆表现出了更具发展潜力和服务力度的特征。

（一）信息资源数字化

数字图书馆信息资源以二进制编码形式存储，用"0"和"1"来组成信息资源的细胞，是借助于计算机技术才能读取的多媒体数字信息资源。信息资源数字化是数字图书馆区别于传统图书馆的本质特征。

（二）馆藏虚拟化

数字图书馆消除了传统图书馆的实体及时空限制，它是一组由计算机、服务器等设备组织起来的电子设备，通过网络向外延伸，形成一个虚拟馆舍，数字图书馆创造了一个奇特的"信息空间"，用户对馆藏的利用不再受地理位置及时间的限制。

数字图书馆的信息服务依托国际互联网平台，通过计算机和现代通信网络为用户提供各种信息服务，检索方便，开放性强。用户通过远程联网计算机就可以轻而易举地查询数字图书馆提供的信息，用户只需关心自己的信息需求，不必考虑信息来自何处。

（三）信息服务个性化

网络环境下，用户对数字化信息及信息服务形式的个性化需求日益突出，数字图书馆作为依托于网络的信息服务系统，提供个性化、主动化的信息服务成为其不可推卸的责任，嵌入个性化定制、个性化推送功能是数字图书馆增强竞争力的有效手段。

（四）信息利用共享化

数字图书馆信息资源的数字化和传递的网络化带来了信息服务的共享化与开放化，其共享化的广度和深度是以往图书馆所无法比拟的，具有跨地区、跨行业、跨国界的特点。

（五）信息提供知识化

目前，数字图书馆正努力实现由文献提供向知识提供的转变。它将各种信息在知识单元的基础上有机地组织起来，以动态分布式的方式提供信息服务；而元数据、自动标引、内容搜索、数据挖掘等知识发现与组织技术将成为数字图书馆发展的关键技术。

三、成功的数字图书馆信息服务模式

数字图书馆的建设逐渐表现出结合用户的需求特征，分析并制定能满足和预测用户信息需求的服务策略，建立相应的信息服务模式。当前成功的数字图书馆信息服务模式是以用户的需求为牵引，利用数字化资源和相关技术开展有效的、不同层次的、多种类型的集成化、个性化信息服务，从而逐步建立一个支持用户有效利用信息、提炼知识、决策分析、解决问题的知识服务机制。

（一）数字图书馆信息服务模式对传统服务模式的创新、发展和突破

其将补充而不是替代传统信息服务，数字图书馆信息服务的优越性是传统图书馆所无法比拟的，但从图书馆学理论的角度分析，无论图书馆以何种模式出现，都将秉承其收集、管理并传播文献信息的基本职能。因此，在理论上，数字图书馆只是从根本上改变了信息收集、加工、存储、传播与利用的方式，进而拓展和优化了传统图书馆的服务模式，其基本职能和服务宗旨并未改变。正如大英图书馆的观点所言："数字化信息服务将补充而不是替代传统信息服务。"由此可见，数字图书馆的信息服务模式是以最大限度地满足用户需求为宗旨，是对传统服务

模式的创新、发展和突破。

（二）成功的数字图书馆的信息服务模式是以用户为中心的集成化信息服务

数字图书馆历经十余年的发展历程，从侧重基本结构和数字化资源总体建设阶段步入了"以人为本"的发展阶段。如今，数字图书馆成为一种集多种智能化技术于一身，融多种信息资源于一体的综合性的信息资源库，并力图提供集成化的信息服务。数字图书馆的集成信息服务是指针对某一特定领域或特定用户群的信息需求，集成多种信息技术把多种服务形式与分布式管理的信息资源集成为有机的整体，使用户得到面向主题的"一站式"的信息服务。因此，数字图书馆区别于传统图书馆和其他门户网站的重要特征是：它既不是传统图书馆以机构和资源为中心的模式，也不是各种网站的以系统为中心的模式，而是以用户为中心的集成化、多元化服务模式。

用户的个性化信息需求促使个性化信息服务成为数字图书馆集成信息服务的主导形式。网络环境下，用户的信息需求日益个性化，从而引发数字图书馆信息服务模式的深刻变化，个性化信息服务逐渐成为数字图书馆服务的主导方向。数字图书馆个性化信息服务的基础就是集成信息服务，前者是在后者的基础上给数字图书馆加上了一个智能化的、友好的人机界面及个性化系统，它有效地帮助用户准确表达信息需求，将数字图书馆集成信息服务的结果提供给用户，同时为用户提供网上私人信息空间。所以个性化信息服务是数字图书馆集成信息服务的深化与发展，它能最大限度地发挥数字图书馆的集成信息服务功能。

总之，成功的数字图书馆信息服务模式是以用户为中心的、高度社会化、开放化的信息服务系统，呈现出信息资源数字化、信息传递网络化、信息利用共享化、信息提供智能化、知识化以及信息服务集成化、个性化、多元化的发展趋势。

第三节　图书馆特色数据库的建设与管理

一、我国图书馆特色数据库建设的现状
（一）高校图书馆特色数据库建设情况

中国高等教育文献保障体系（CALIS）于1999年7月设立了CALIS特色数

据库和导航库建设项目组。CALIS 特色数据库建设一期由 24 个成员单位共建成 25 个"特色库"。CALIS 二期"十五"全国高校专题特色库于 2003 年 9 月启动，到 2005 年 12 月验收评审，完成了不少于 50 个具有中国特色、地方特色、高等教育特色和资源特色，服务于高校教学科研和经济建设、方便实用、技术先进的专题文献数据库。其中，约 10% 的专题库形成标志性的成果在资源内容和技术设计方面具有示范效应。验收合格的专题特色数据库除了为全国普通高校服务外，同时面向社会，为国民经济建设、公民素质提高、文化事业、地方发展提供服务，取得一定的社会效益和经济效益。

我国"211 工程"高校图书馆从 20 世纪 90 年代后期以来，也进行了特色数据库建设。我国高校图书馆特色数据库的建设是紧紧围绕本校学科特色而建设的，以学科特色及除学科和地方特色外的其他专题为主，地方特色及商情数据库（指那些能提供与国际国内商务活动有密切联系的各类信息的数据库，即有关公司、产品、市场行情、商业动态、金融活动、专利、技术标准及有直接关联的税法、国家政策等方面的信息数据库）建设相对较少，商情数据库仅占所有 263 个特色数据库的 4.9%。在这些数据库中有近百个在 CALIS 特色数据库建设项目立项，在 CALIS 统一规划下建设。我国高校图书馆在特色数据库的建设标准方面基本都按照 CALIS 特色数据库的相关建设标准。

（二）公共图书馆特色数据库建设情况

随着我国计算机网络和图书馆自动化、数字化的发展，我国公共图书馆也加强了对图书馆的数字化建设进程，在特色数据库建设方面，公共图书馆特色数据库建设首先以地方特色为主，其次为某一专题特色数据库的建设，学科特色的数据库很少，商情数据库的建设比高校图书馆多，然而这些数据库中数据量 4 万条以上的仅占总数的 10.5%，而且东西部的公共图书馆的特色数据库建设差距较大。从东中西部的图书馆数量与总图书馆数量之比和东中西部的图书馆所建特色数据库数量与总的特色数据库数量之比基本一致来看，东中西部的图书馆特色数据库建设的差距并不是特色资源分布方面的差距，而主要是特色数据库建设投入方面的差距。

（三）科研院所图书馆特色数据库建设情况

中国科学院图书馆、中科院武汉图书馆、中科院上海图书馆及中科院资源环境科学信息中心（中科院兰州图书馆）等科研院所图书馆建有 32 个特色数据库，其中有 27 个特色数据库是科学研究方面的专题，占了所有数据库的 84.3%，所建数据库数量较少、规模较小，大多仅限于本单位使用。

二、目前我国图书馆特色数据库建设存在的主要问题

（一）数据库建设条块分割、各自为政

我国的文献信息服务机构主要由三大服务群体组成，即高校图书馆系统、公共图书馆系统和科研图书馆系统。各服务群体隶属关系和管理体制不同且国家对之缺乏宏观调控，没有一个负责对各系统特色数据库建设实行整体规划和协调数据库建设多方参与者之间利益的权威性机构，各系统之间缺乏横向联系和整体协调，具体表现在数据库存建设上是条块分割、各自为政，以致所建成的数据库往往是结构单一，规模小、专业而狭窄、标准不统一且大多只能是自用数据库，共享性差。我国图书馆数据库建设"单打独斗"的局面已经严重阻碍了我国数据库产业的发展。但随着因特网的普及和网络技术的成熟，三大系统之间实现信息资源共建共享已成为信息时代信息资源建设的必然趋势。

（二）数据库建设的标准不统一

数据库建设的标准化、规范化是实现信息资源共建共享和文献信息检索自动化的重要基础和前提之一。数据库建设的标准化主要表现为两个方面：数据库管理系统的标准化和数据库数据著录的标准化。由于我国缺乏统一的信息资源建设管理机构，各图书馆或数据库开发商各自为政、各行其是、自由发展，在数据库建设的标准化和规范化方面处于比较混乱的状态，各系统有各自的标准。在数据库管理系统的标准化方面，具体表现在基于数据库管理系统的标引系统、检索系统和操作系统等的多种多样；数据库格式、字段不一；数据的标引、分编、检索点选取没有统一的标准和严格的质量控制，由此造成数据库的兼容性和互操作性差，原始数据处理不完备、不准确、不规范、不统一，从而影响了数据库的共享，限制了数据库作用的发挥。

（三）知识产权保护相关法规亟待完善

随着我国文献信息资源的数字化，知识产权问题已成为数据库建设中的热点。一方面，数据库的开发在制作上凝聚了开发者辛勤的劳动和智慧的结晶，并投入了大量的人力、物力、财力和技术，具有创造性，应受到法律保护，享有完全的知识产权；另一方面，被收入数据库中的原作品著作权人的合法权益也理应得到保护。但事实上由于知识产权保护意识不强和相关法规不健全，以致有关侵权事件或法律纠纷时有发生。由于数据库往往是采用电子数字形式，它与计算机

软件一样很容易被复制、套录和篡改甚至非授权使用，使得数据库开发者的智力成果极易被侵害，从而损害数据库开发者的利益，打击了他们开发数据库的积极性。

知识产权保护需要从法律、运营、技术三个方面去考虑和解决。增强知识产权保护意识，完善相关法律法规，在遵循现有有关法律的前提下最终合法地解决版权保护问题。如何尽快从运营和技术两个方面出发建立公正和实用的运营模式和技术平台是当前我国文献信息资源数字化必须解决的难题。

（四）特色数据库的共建共享有待进一步改善

信息全球化的一个主要标志是实现全球信息资源的共享，而实现国内信息资源的共建共享是这一目标的基础和前提。在这方面，我国已开展了卓有成效的工作。中国高等教育文献保障体系（CALIS）是我国高等教育系统文献资源共建共享的典范。"全国文化信息资源共享工程"建立了由国家中心、省级分中心、基层中心组成的网络，进行文化信息资源的建设与传播，为社会大众提供信息服务。与此同时，在经济比较发达的北京、上海、广州及其他一些地区的高校图书馆也纷纷建起了以实现本地区资源共享的网络系统。在高校图书馆系统文献信息资源共建共享的先导作用下，公共和科研系统图书馆也纷纷开展了基于网络环境下的文献信息资源共建共享活动，目前已基本形成了公共、高校、科研三大系统三足鼎立的文献信息资源共建共享的格局，所有这些无疑对全国图书馆数据库建设起到了巨大的推动作用，但三大系统资源建设各自分离的局面又阻碍了信息资源的共建共享。

（五）具有特色的商情数据库的建设较少

通过对我国三大系统图书馆的特色数据库建设情况的调查发现，公共图书馆、高校图书馆和科研院所图书馆分别以地方特色、学科特色和科研专题特色为主来建设特色数据库。公共图书馆所建的特色数据库中，地方特色数据库的比例占了63.2%，特色商情数据库仅占8.6%；高校图书馆所建的特色数据库中，学科特色数据库的比例占了54.4%，特色商情数据库仅占4.9%；科研院所图书馆所建的特色数据库中，科学研究专题特色数据库的比例占了84.3%，没有特色商情数据库的建设。通过对《中国数据库大全》商情类数据库建库单位类型统计结果显示，图书馆所建设的商情类数据库仅占整个商情类数据库的0.2%。这和我国图书馆的文献信息中心的地位是极不相称的，也是与我国市场经济的发展不相适应的。

（六）数据库自产自用数据库产品缺乏市场开拓

通过对我国三大系统图书馆的特色数据库建设情况的调查显示，70%的特色数据库仅限于馆域网或局域网使用，外网无法查阅；再者当前的特色数据库建设还处于起步阶段，缺少市场意识和市场环境，数据库产品缺乏市场开拓，注重了社会效益，严重缺乏经济效益，这样光投资无回报，不利于数据库建设的发展。

三、我国图书馆特色数据库建设的对策

（一）加强国家宏观调控和行业协调

面对我国图书馆特色数据库建设整体上条块分割、各自为政的局面，国家要制定统一的方针政策、发展目标、发展规划、总体构想、实施方案等，打破各系统、各部门条块分割、彼此封闭的格局，对整个图书馆系统及其他有关各部门进行宏观调控，逐步建立起协调建库的管理机制。而在行业内部，宜建立一个发展协调委员会，其任务是对特色数据库的数量和质量、分布和选题、类型和规模等进行摸底、登记，把握好数据库建设的审批关、验收关、监督关，负责制定有关数据库建设的标准、规范及数据的记录格式、数据库的存贮、获取、传输的一致性协议等，以确保数据库在网络运行中的兼容性、可靠性及安全性。这方面高校图书馆系统建立的CALIS系统无疑起到了带头作用。此外，国家应建立统一的"中国数字资源发展协调委员会"来组织协调各系统图书馆的特色数据库的建设，统一标准规范、促进知识产权的合理解决，以促进国内外图书馆之间的特色数据库建设的合作与共享。

（二）加强图书馆特色数据库建设的合作

1. 合作建库的优势

通过各系统图书馆之间、同一系统图书馆之间、不同地区及国内外的联合与合作，统筹规划，共同开发，联合共建，可以在信息技术上互通有无、资源共享，在人力、物力、财力上各尽所长，优势互补，联合攻关，并且通过合作，增强了社会各领域的联系，也扩展了机构与机构、人与人之间的交流，易于形成我国图书馆特色数据库建设的整体优势，建设一批有特色的专题数据库或特色数据库。对信息资源进行有效的配置和可持续开发，这样不仅可以改变以往特色数据库建设自建自用、"大而全""小而全"的格局，而且可以避免重复建库和留下空白学科，使每一学科的建设达到相当完备的程度，为资源共享创造良好的条件。

2. 合作建库的原则

如同所有的国际合作一样，图书馆的合作尤其是国际合作必须遵循平等互惠、优势互补的基本原则，也要遵循"统筹规划"的原则。这样才不会损害合作者的利益，才能使合作变得顺利。

3. 合作建库的途径与方式

合作的途径与方式多种多样，包括机构与机构之间、系统与系统之间、地区之间、国家之间都可以根据资源建设的实际情况来确定具体的合作途径，国内外所有信息部门之间都可以进行合作。具体的合作方式主要有：①文献信息的交流；②人员合作；③联合办刊；④项目合作；⑤通过技术实现特色资源共享方面合作。

4. 合作建库的运作模式

当前特色数据库建设的运作模式大体有以下三种。一是由国家投入全部资金，用户基本免费获取数字化资源。这种方式起步快、见效快，但投入大。二是商业化运作，即由公司投入资金，用户付费查阅、获取信息资源。三是政府投入与部分商业化运作相结合的模式。一方面依靠政府投入部分资金；另一方面向用户收取成本费来补充政府投入的不足。特色数据库的建设作为图书馆数字资源建设的主要内容，运作模式也主要是以上三种。

从国内外图书馆特色数据库建设的经验来看，图书馆特色数据库建设的合作建设在组织管理上呈现出四个共同特点：①由相关政府部门总体规划；②以工程立项形式具体实施；③操作过程中重视多个单位、部门的分工协作；④相关法规的制定。

实践证明，采取政府的宏观调控、主管部门统一组织、申请立项、多单位分工协作的组织管理方式有利于提高特色数据库的建设质量和速度，有利于解决数据库建设过程中分散、低质、规模小、浪费资源的现象，又可消除资源建设的学科空白，使每一个学科的建设达到相对完备的程度，更好地推动特色数据库建设的发展。各部门、各单位要根据馆藏特色、学科重点或地方经济发展的需要选择合适的建库目标，在国家统一协调下进行，有计划、有步骤地建立起具有专业特色、地方特色、类型特色、文种特色等多种类型的数据库，要加强经营管理，既要注重社会效益，同时也要注重经济效益。

5. 加强图书馆特色数据库建设的质量控制

质量控制包括前期质量控制、中期质量控制和后期质量控制。前期质量控制主要是对选题、相关软件的开发与选择过程的控制。除如何选题、如何进行相关软件的开发与选择外，还要决策科学化、民主化，并建立审查制度。决策是在进行调查研究、收集大量信息形成的数个开发项目中进行选择的过程。决策科学化就是要事先进行可行性论证，采用需求分析法、读者调查法、系统分析法、专家评估法等方法对数据库的选题等事宜进行科学化决策。审查制度的建立就是为了在开发项目和开发方案在具体实施以前应向主管领导和主管单位申请。

由上级组织人员对项目可行性和开发价值进行评议，从而控制特色文献数据库的开发规模和整体质量。中期质量控制主要是数据库建设的标准化、人力资源使用的合理化以及管理科学化。图书馆特色数据库的建设必须建立和遵循关于数字化加工、资源描述、资源组织、资源互操作和资源服务等方面的标准和规范，才能保证其可使用性、互操作性和可持续性。因此，标准与规范建设是图书馆特色数据库建设高效、经济、可持续的根本保证。

目前我国的标准化建设还处于探索阶段，应在实践中进一步完善，以保证我国数字化工作的高质量。岗位责任制是促使数据库建设工作顺利开展、保证工作效率和质量的一项有效措施。通过岗位责任制规定各项人员的工作质量要求与衡量标准，运用定量与定性双重标准进行管理，明确其有把开发工作做好的义务，规定其对开发失误的要承担的责任，通过完善工作制度来控制开发人员的行为，进而控制开发成果的质量。后期质量控制为了保证数据库的高价值和高质量，建立监督检查制度是十分必要的。检查制度是数据库质量控制的重要的手段，在数据库质量的控制上有着十分重要的地位，通过检查可以发现存在的问题，又可以督促工作人员积极认真地工作。

数据库建设的最终目的在于利用，因此建设高质量的数据库就要注重数据库的使用情况以及用户对数据库的反馈意见，为此要加强对数据库的使用跟踪调查，调查该数据库是否能满足用户的需求，检索是否简单易用、还存在哪些问题与不足、是否需要改进、宣传力度是否足够、是否涉及知识产权问题等，跟踪调查是保证数据库良性，稳健地发展的必要条件。另外还要加强数据库的安全管理以保证数据库的安全运行。

6. 合理解决知识产权问题

我国数据库建设正方兴未艾，然而在建设过程中涉及许多知识产权问题，特别是著作权问题。我国虽然在1998年2月成立了中国版权中心，但著作权集体管理组织只能是基于会员的委托，代作品著作权人行使有关权利，其进行授权许可的范围只能是著作权人已经委托的作品。为了更好地解决我国在数据库开发过程中的版权保护问题，促进数据库建设，有必要借鉴国外经验加强著作权集体管理制度在我国的进一步实施。特色数据库版权的保护是一个较为复杂的问题。国内几个大型的中文电子图书系统——中国数图公司网上图书馆、书生之家、方正阿帕比数字图书馆都有各自的版权解决方案、解决技术，但在运行过程中不仅在获得版权授权方面比较困难，而且对加密上载、水印技术、后台管理等技术的保护更是无暇顾及。根据发达国家的经验，不很好地关注和解决迟早会使我国的著作权保护陷入尴尬的境地。另外真实、完整的版权信息对于高效、准确的授权是必需的。我国《电子出版物管理暂行条例》《出版管理条例》都规定出版物要载明权利管理信息，但是删除、篡改、伪造版权信息、破坏技术保护措施或提供破解技术保护的服务日益增多，国际上许多新的版权立法已明确规定此为非法行为。我国在今后的数据库建设中既要加强对数据库保护技术的研究，更要加强立法，对数据库的侵权行为加以严厉打击。

7. 加强对数据库产品的营销

经过几年的发展，我国图书馆的特色数据库建设在数量、规模、类型上均取得了长足发展，但总体上来说，利用率还比较低。有的因为建库时只追求数量，而忽视了质量；有的因为只注重数据库的生产和成果鉴定，仅停留在为建库而建库的基础上，忽略了如何推广和应用，至于经济效益就更不必提了。

当前数据库生产的发展趋势是投资的国际化、数据库内容的国际化以及数据库生产与联机服务的跨国经营越来越普遍。为此在数据库产品的市场开发中，有必要引入深层次营销思想，向产业化方向发展，尽可能使数据化产品的价值得到最大限度的发挥。"深层次营销"是以电子商务和网络营销为手段，以企业和顾客之间的深层次沟通、认同为目标，从过去长期单一关心人的显性需求转向同时关心人的显性需求和隐性需求并注重关心人的隐性需求的一种新型的、互动的、更人性化的营销新模式和观念。深层次营销要求顾客参与到企业的营销管理中，给顾客提供无限的关怀，与顾客建立长期的、稳定的合作关系，并通过大量的人性化的沟通工作，使自己的产品、品牌在顾客的心目中产生润物细无声的效果，使顾客对自己的品牌产生依赖感和忠诚感。

第四节　图书馆网络的管理

信息传递的网络化拓展了图书馆信息服务的内容,加速了以用户信息需求为导向、以网络信息技术为平台、以网络信息资源深层开发为基础的网络信息服务的发展。图书馆网络信息服务的科学管理问题由此成为图书馆信息服务研究的重大课题。

图书馆网络信息服务管理的主要目的是通过对网络信息服务的提供者、使用者和网络信息服务本身的规范管理,提高图书馆网络信息服务的质量和效率,从而为用户提供更加优质的网络信息服务产品。

一、图书馆网络信息服务的类型及发展

图书馆网络信息服务是指图书馆通过计算机网络,基于数字化网络化信息资源为用户提供解决问题所需知识的智能型信息服务工作。管理思想和方法将影响图书馆网络信息服务方式与理念,同样,服务方式及理念将影响图书馆网络信息服务管理的方法与理念,因此,在研究网络信息服务管理之前,有必要先对网络信息服务的类型及其发展趋向进行分析,进而为网络信息服务管理模式分析、归纳提供帮助。

(一)图书馆网络信息服务的类型

图书馆网络信息服务方式从不同角度有不同的划分。按服务的模式分有主动服务、被动服务、交互式服务、自助服务等;按服务的内容分有 web 页面服务、参考咨询服务等;按服务的受众划分可分一对多、多对一和多对多服务等。这里主要从内容这个角度分析图书馆网络信息服务的两大类型,以明晰其发展趋势。

1. web 服务

web 服务是目前图书馆网络信息服务的一个主要的存在形式,信息资源存贮在 web 站点上,主动或被动地提供给用户,满足用户的网络信息需求。

(1)面向内容的 web 页面服务

这是图书馆为用户提供的最原始的、相对直接的网络信息服务。在此阶段的服务方式中,图书馆网络信息服务的重点放在网络信息资源建设上,也就是说,

第四章　新媒体环境下图书馆数字化建设与管理

此种服务的主要目的是把各种信息资源数字化、网络化，使用户能够以网站为平台，通过浏览、查询，检索等方式获取网络上已经预置好的各种网络信息资源及服务。在此服务方式中，网络信息服务只是图书馆实体（或者说是传统的）信息服务业务在网络上的延伸，并没有发生本质的变化，面向内容的 web 页面服务仍是一种被动的、一对多的服务方式。

随着图书馆各种数字资源和服务方式的增多，各种数据资源和服务挂在页面上，没有构成一个相互联系、相互支持的有机整体，使整个图书馆网络信息服务处于一种被动的、无序的状态，而这种被动的、无差别的服务方式不利于用户获取个性化信息。为了解决这种状况，出现了按需的 web 服务方式。

（2）面向需求的 web 个性化服务

在图书馆面向内容 web 页面服务方式中，更多的是向用户群体提供标准化服务，较少注意到个性化、差异化的服务。随着网络技术和通信技术的迅速发展，网络上的服务越来越多，在管理和利用上处于一种无序状态，增加了网络信息服务管理和用户获取信息的难度。用户对 web 服务的要求越来越多样化，有效组织好现有的网络资源、提供用户满意的服务就成为图书馆发展必须解决的问题。按需的 web 服务方式的出现为这些问题的解决提供了一种新的思路。

为提高网络信息服务的准确性，更好地满足用户不断增强的个性化需求，图书馆网络信息服务方式逐步过渡到面向用户对象的差异性和个性化服务，更加重视人的价值和人的服务，特别是有针对性地为用户提供个性化的服务。个性化服务指专门针对个体用户需求开展的针对性服务。具体地说，就是利用智能代理和信息推送技术，通过用户对信息资源、界面、检索方式和检索结果的定制，了解和发现用户的兴趣，主动从网站上定制信息，经筛选、分类、排序，按用户的特定需求，通过用户定制的网页或邮件系统，主动推送给用户的现代信息服务。个性化信息服务是适应图书馆网络信息服务用户多样化需求的重要手段，是对应复杂图书馆网络信息服务资源与支持系统的有效途径，是用户组织数字化信息资源的理想方法。个性化信息服务通过为用户提供友好的交互界面，使用户可以按照自己的目标和需求，设定自己的信息来源、表现形式、网络功能、服务方式，并通过智能检索与推拉服务，达到提高服务效率的目的，也使图书馆网络信息服务实现了用户参与的信息资源选择与评价功能，使用户参与到网络信息服务管理中来。

按需的 web 服务是一种主动的一对一、多对一的服务方式，在按需的 web

服务方式下，各种服务在网络（图书馆网站）上发布以后，可以根据不同的用户需求进行组合，形成新的服务，从而使网络信息服务更加智能化和个性化。

2. 虚拟参考咨询服务

web 服务的主要目的是通过一个资源平台（网站）向用户提供信息资源，满足用户的信息查询需求，而虚拟参考咨询的目的是满足用户的咨询需求，这是图书馆网络信息服务的另一种重要的形式。

虚拟参考咨询服务按照不同的划分方法有不同类型。如按参考知识库的范围可以分为独立式参考咨询系统和协作式参考咨询系统；按照系统的处理程序，可以分为自助式专家系统和专家回答式的人工系统等。我们一般按照交互的时间来划分，分为"同步服务"和"异步服务"。

（1）异步参考咨询

异步参考咨询又称非实时网上参考咨询服务，主要采用电子邮件、BBS 系统、留言板等方式或几种方式相结合实现网上的参考咨询服务，此类方式为目前图书馆网络信息服务中用得较多的一种模式。如上海图书馆的合作化参考咨询服务就是采用电子表格和电子邮件相结合的方式，用户碰到问题可直接给选定的咨询员填写电子表格，经系统转换后以电子邮件的方式转送给专家，专家将被允许在一周内以电子邮件的方式回答用户的提问。

（2）实时参考咨询

由于异步参考咨询采用问题提交的方式不能满足用户对获得问题解答的实时、互动的需求，为了解决异步参考咨询的不足、真正实现网络信息服务的快速性，进而出现了实时参考咨询。

实时参考咨询是采用实时软件技术，如聊天工具、同步浏览页面的咨询系统等，服务人员在网上实时地、"面对面"地解答用户提问，它能更好地、实时地满足用户的需求。目前的国内 TPI 系列软件平台就提供了虚拟参考咨询和个性化定制服务，前者能实现在线的实时交流，但根据试用结果，还缺少相应的支持专家数据库，并不完善。

（二）图书馆网络信息服务的发展对服务管理的影响

对图书馆网络信息服务类型及发展趋向的研究是为了让网络信息服务管理符合服务发展的规律，进而推动服务的发展。

当前图书馆网络信息服务无论从内容、形式，还是服务手段上，都随着网络技术和通信技术的迅速发展而逐渐成熟，而且在应用广度和深度方面都有突破，较之从前发生了深刻的变化，特别是近年来呈现出以下发展趋势：从内容单一的服务转向综合性服务模式；从以 web 服务为主转向多种形式网络信息服务并重；从单项分散服务转向系统化信息保证方向发展。

图书馆网络信息服务从简单的信息发布、信息共享逐渐演变成智能的多功能服务，由内容主导型向服务主导型转变，由被动接受到主动出击，其目的都是更好、更快地为用户提供深层次的、人性化的信息服务，更充分地利用网络信息资源。因此对网络信息服务的管理的重点也应该体现网络信息服务的趋向与精神：①网络信息服务由被动向主动转化，要求管理不再是因管理而管理，而要转变成基于用户的管理，加强与用户的沟通与联系，让用户参与到服务与管理的过程中来；②由简单服务向智能服务转变，反映了用户对服务速度和质量的要求，因此，管理过程中要建立最佳工作流程，进行质量监控；③服务的个性化，要求网络信息服务人员要有团队精神，加强相互之间的合作，以满足不同用户的个性要求。

以上这些要求在管理中的集中体现就是要以用户为目标，以适应用户按需服务的要求建立管理模式，并在管理评价中以用户为中心。

二、图书馆网络信息服务的资源管理

资源包括支撑图书馆网络信息服务的网络资源、系统平台、门户网站及相关的设备等，对这些资源的管理是图书馆进行网络信息服务的基础，也是服务管理的一个重要因素，是网络信息服务产品品质的保证。在资源管理中，对系统平台及设备等资源的管理，如系统维护、网站更新、设备维护等更多的是一种日常的技术管理。在此主要论述图书馆网络信息资源的管理。

（一）图书馆网络信息资源的构建与深层次开发

1. 图书馆网络信息资源的构建

任何信息都是为了满足特定用户的某一需求而产生的。图书馆网络信息服务的目的是使网络信息资源从记录状态转变为用户接受状态，满足用户对某一信息的特定需求。

图书馆购买的数字资源和应用系统的增多一方面意味着用户对信息需求的满足程度将得到提高，另一方面也意味着用户利用其信息资源的难度增大，硬件资源割裂所造成的浪费也增大。因此，如何合理地、有效地、动态地配置各种基础设施资源，对网络信息资源进行科学组织与管理就成了图书馆网络信息服务管理的一个关键点。

信息构建是通过合理地组织、标识信息并构建信息环境，以改善信息浏览及信息检索的过程与效果的科学和艺术。图书馆对网络信息资源构建的目的是合理组织现有网络信息资源，把复杂的信息变得明晰，方便用户对网络信息资源的自由存取，为图书馆个性化网络信息服务提供基础。图书馆网络信息资源构建包括两层：一是网络信息资源计划，此项管理内容应纳入图书馆资源计划，属于图书馆全面管理的内容；二是在一个标准体系下图书馆对网络信息资源进行整合。

一个图书馆在一定时期所用资源是有限的，图书馆为实现图书馆整体战略目标必然要对现有资源进行整合，也就是依据一定的需要，对各个相对独立的数字资源系统中的数据对象、功能结构及其互动关系进行融合、类聚和重组，重新结合为一个新的有机整体，形成一个效能更好、效率更高的新的数字资源体。其目的是满足用户的个性化需求，提高查全率和查准率，将有限的资源有侧重点地利用于有助于战略目标实现的领域，凸显竞争优势，实现网络信息资源价值增值。从管理的角度来看，图书馆网络信息服务下的资源整合又分两种。①内部资源的管理：也叫本地资源管理，主要是通过信息门户体系（也就是图书馆网站），根据特定用户需要对分布在本地的相关信息资源与服务（包括网络资源、数据库、数字文献、目录与馆藏、文献传递、参考咨询、数据分析等）进行整合。②外部资源的管理：即在资源内合过程中，通过数据链接把合作图书馆和其他机构所能提供的服务与资源添加到本图书馆网站中来并进行管理，以此来弥补本地资源的不足。

按照网络信息服务发展的方向，网络信息资源构建过程中要加强与其他信息服务机构的合作，以满足用户个性化主动推送服务为目的，以用户为中心，对网络资源进行构建。

2. 图书馆网络信息资源的深层次开发

图书馆网络信息资源开发是指通过一定的技术手段，将贮藏于网络信息源中的信息由不可得状态转变为可得状态，由可得状态转变为可用状态，由低可用状态转变为高可用状态。

网络信息资源的整合事实上也是一个开发的过程，它是把网络信息资源由不可得状态转变为可得状态并提高网络信息资源的可获得性。要把网络信息资源由可得状态转变为可用状态、由低可用状态转变为高可用状态，就要对网络信息资源进行深层次开发，增加信息的附加值，这也是为了更好地满足用户对信息需求的价值取向。

高校图书馆网络信息资源挖掘的深层次开发主要有两个途径：一是将网络上的信息源下载，包括国内外数据库、电子期刊及相关网站对本校师生有特定需求的网上信息资源，进行自动辨别、跟踪，经过加工整理，建立特色数据库或以文本形式储存和提供利用；二是建立网络信息资源指引库，即将因特网上与某一或某些主题相关的结点进行集中，按方便用户检索的原则，采用用户熟悉的语言组织起来，向用户提供这些信息的分布的情况，指引用户查找和获取所需的信息。

对网络信息资源的深层次开发可以使图书馆网络资源构成一个"网络信息链"，使网络信息组织程度大大提高，有助于用户正确了解和把握图书馆网络信息资源，高效而充分地利用网络信息资源。

（二）图书馆网络信息资源质量管理与标准化管理

图书馆网络资源建设的最终目的是要生产出优质的网络信息服务产品，保持良好的应用前景。网络信息服务产品具有高投入，高成本的特点，如果在网络信息服务产品的设计和规划阶段出现失误将会带来巨大的经济损失，导致用户的不满与丢失。因此，在信息服务产品设计与规划阶段中注入质量意识，实行严格的量化控制，减少各种因素带来的偏差，合理界定质量水平和成本大小，在产品质量和价格上充分满足用户的要求，才能稳定并拓展用户市场。而且对网络信息资源进行质量管理不但能为图书馆网络信息服务质量的提高打下良好的基础，还可以使有限的资源投入获得最大的社会效益和经济效益。

网络信息存在状态多样化的特性要求我们必须规定信息揭示的统一标准和获取、使用信息的具体规则，以保证所有的网络信息资源都可以得到充分利用，以便实现不同图书馆网络信息资源之间的互联与交流；在网络信息组织方面实现分类体系的统一以便于畅通的数据互换；在联机联合编目方面实现目录的标准化以便用户以统一的检索途径获取信息等。实现数据的标准化与统一性是网络信息资源共享的前提条件，所以，对网络信息资源管理实施标准化控制是很有必要的，同时也保证每一个用户的信息需求都可以得到满足。

标准化管理是图书馆网络信息资源的有序化组织与管理的一个重要组成部分，为网络信息资源的可获得提供保障。图书馆网络信息资源标准化管理体系所涉及的内容众多而复杂，主要涉及四个主要领域：①文献信息资源的数字化、网络化建设标准管理；②网络信息资源导航服务标准管理；③网络信息资源共享标准管理；④网络信息资源存贮标准管理。

（三）图书馆网络信息资源安全管理

我们在为用户提供网络信息服务的时候，相应的安全问题也应该引起重视。信息安全有技术方面的因素，也有管理方面的问题。技术方面主要侧重于防范外部非法用户的攻击，管理方面侧重于内部人为因素的管理。图书馆网络信息安全管理主要包括以下方面。

1. 杜绝信息污染

信息污染是指无用信息、劣质信息或有害信息渗透到信息资源中，对网络信息资源的收集、开发和利用造成干扰，甚至对用户产生危害。要防止信息污染，图书馆网络信息服务提供者要根据一定的标准和利用一定的工具从动态的网络信息流中选取或剔除相关信息，对网络信息进行过滤，它有助于减轻用户的认知压力，提高获取信息的效率，可以减少不必要的信息传递，使网络更加顺畅，防止垃圾信息，使用户不受不良信息侵扰。

2. 防止信息泄密

信息泄密指授权用户泄露保密信息给非授权用户、非授权用户或外部人员通过不合理或非法手段窃取个人信息。网络信息泄密是网络中的信息在存储、传播、使用或获取的时候被其他人非法取得的过程。随着有偿数字服务的开展，盗窃数据行为的可能性和危险性也在不断增加，任何有价值的东西都有可能被盗，从数据、光盘数据库到科研数据和敏感的统计报告等。

3. 防范信息破坏

防范恶意制造和传播程序破坏计算机内所存储的信息和程序甚至破坏计算机硬件。内部管理内容有操作不当引起对信息的破坏，还有对网络信息安全威胁较大的恶意程序，主要有计算机病毒、计算机蠕虫、特洛伊木马和邮件炸弹等。

4. 规范信息使用，以免侵权

网络信息的发展和应用导致了信息内容的扩展、信息载体的变化、信息传递方式的增加，这就扩大了知识产权保护的范围，诸如计算机软件侵权、数据库产品侵权、网上信息侵权等。图书馆要保护网络信息资源的知识产权，处理好合理使用与保护的关系。

（四）图书馆网络信息服务的人员管理

图书馆网络信息服务的人员管理包括网络用户关系管理、对合作者的管理及对网络信息服务人员的管理，这是图书馆网络信息服务管理的主体。

1. 图书馆网络用户关系管理

这里说的网络用户是指一般意义上的外部用户。网络用户关系管理是通过相关的管理技术和方法对网络用户进行系统化研究，识别有价值用户，对用户进行沟通和教育培训工作，从而改进服务，提高用户对图书馆网络资源的重复利用率，为用户创造价值，进而提高用户的满意度。通过用户关系管理的各种工具，可发掘用户信息，为主动个性化服务提供依据，为图书馆实现按需网络信息服务提供基础。

事实上，在一个信息资源爆炸的世界里，图书馆依赖原始数据量的优势作为核心竞争力已经变得越来越没有意义。因为原始数据的获得已不那么困难，真正使人们感到困难的是对原始数据的加工，进行筛选，浓缩加工成对用户需求最有价值的东西。用户最需要的是有效的选择与加工能力，而要做好这件事情最重要的资本是对用户业务需求充分的理解。

网络化使现代图书馆的用户界限越来越模糊，用户群越来越庞大，图书馆网络信息服务不能像公众网站一样面向所有用户，它必须改变以往的粗放和无差别的被动式服务传统，要采取集中性、分层次、密集型的重点服务策略，这种策略可以集中地了解和满足特定的细分网络用户的需要，实现针对性的服务。

图书馆网络信息服务在立足于面向普通用户、基础用户提供基本的网络信息资源提供保障的基础上，把网上服务的重点放在自己的核心用户群上，即从多元化和多层次的用户群中选择确定具有辐射和影响力的核心用户，建立起与本馆网络信息服务能力相匹配、适应并能促使用户感知价值同步提高的核心用户群，如高校的著名教授、学科带头人、研究生、课题小组、科技创新小组等个体或团体用户。目前通过互联网的信息服务主要面向单个终端用户的，以一个内部网作为用户的信息内容需求模式正在增加。

核心用户策略的关键是核心用户的选择及服务内容、服务领域的确定，这要进行充分的调查论证：用户对图书馆网络信息服务必须有极高的需求热情；确定的核心用户必须符合本馆网络信息服务的宗旨，有助于图书馆网络信息服务的可持续发展；本馆的网络信息服务能力与用户的需求相匹配等。

2. 对合作者的管理

未来的图书馆网络信息服务应该走联合发展之路，供应商、合作伙伴作为图书馆价值链的一部分也是关系管理的一个重视的问题。图书馆通过与服务提供商、资源供应商、技术供应商及其他图书馆网络信息服务部门进行全面合作，可以利用单位力量更加容易实现自己的目标，提高自身能力。

图书馆与图书馆之间不仅联合议价，联合购买使用权，而且可能对网络信息资源进行联合著录控制、联合使用管理、联合永久保存等。在为用户提供网络信息服务的过程中，为了扩大资源，我们经常要与其他图书馆进行合作，主要体现在两方面：一是通过链接对方资源，资源内合（通过电子链接把外部的某个图书馆能提供的服务增加到本图书馆的网站来）和直接从数据供应商处通过 E-mail 等进行原文传递等方式弥补本地资源的不足；二是在虚拟参考咨询的过程中相互之间的合作。因此，在对合作伙伴的管理也将从这两方面进行：一是对链接的管理，在链接对方的资源的时候，由于各种原因会可能产生的死链接，这可以通过专门的工具软件来实现；二是关系管理，通过加强与合作者的实时交流，共享用户和专家数据库，为用户提供更好的参考咨询服务。

图书馆不仅与传统的图书情报机构之间存在着合作协调关系，而且与其他网络信息生产与网络信息消费之间的桥梁性机构（如商业性信息服务机构、数据库生产商、信息服务系统集成等）将可能产生合作或竞争的关系。今后商业出版网络信息服务将是图书馆得力的合作伙伴，合作的方式也将由传统的单一购买变成购买、租用、合作建设数据库、合作出版等多种方式。传统的图书情报机构相互间合作也将进一步强化，它们从传统的协调采购、合作馆藏发展到现在的共同筹集资金，统一规划网络信息资源建设，使共同体内各个成员馆的网络信息资源形成相互依存的资源整体。

供应商为图书馆网络信息服务提供了技术和资源基础，加强与供应商的合作能提高网络信息资源供应的效率，降低成本。图书馆网络信息服务只有积极主动谋求与供应商、合作者、用户的互联，将图书馆与用户、合作者、供应商连成一个完整的链状结构，形成一个极具竞争力的战略联盟链，才能适应用户的信息需求。联盟链的所有成员应尽可能消除图书馆界限，实现网络信息的共享与集成，以顾客化的需求引导图书馆网络信息服务活动，获得柔性敏捷的服务响应能力，实现从"我赢"到"双赢"，直到"多赢"的转变，赢得生存与发展的空间。

3. 图书馆网络信息服务人员的管理

严格来说，服务人员的管理可以归到用户管理中去。因为用户包括内部用户与外部用户，服务人员既是网络信息服务的提供者，也是网络信息服务过程的用户。但我们还是习惯地把服务人员的管理单独列出来进行论述。

作为知识型机构的图书馆网络信息服务的人力资源管理，要运用有效的知识资本、智力资本管理手段，通过开发图书馆网络信息服务的团队成员和管理人员的显性和隐性知识资本，发展图书馆网络信息服务各个管理人员和动态知识服务团队的知识管理和服务智能，利用快速、新型的学习方式提高团队成员和管理人员的各种能力，鼓励团队成员和管理人员进行管理知识共享，形成开放式的团队成员和管理人员的轮换和流动机制，让团队成员和管理人员在实践和经验学习中获取知识，提高服务水平。

图书馆网络信息服务的人力资源管理必须正确把握管理人员、服务人员的角色分工与技能互补问题。图书馆网络信息服务的管理者尤其是团队领导应为团队成员提供及时的时间支持、经济支持、选择支持和管理支持等。图书馆网络信息服务的所有成员都要具有强烈的事业感和成就感，要在图书馆网络信息服务组织中建立一种基于协作和参与的、针对知识工作者的个性特色和群体特色的激励机制。在图书馆网络信息服务管理活动中尤其要运用积极方式对把握风险、有效协作、相互支持的团队活动给予充分激励，要密切联系动态知识服务团队成员在管理工作和管理行为上的高智力，高技术等特质。

复杂的服务对象和海量的数据内容要求网络信息服务组织的结构要更容易让服务人员进行各种合作，面向用户建立网络信息服务团队，这样才能适应这种复杂的局面。基于"对话"的"交互式"管理也就成为增强知识管理和服务的组织保证之一。一方面，要发挥动态知识服务团队中主题专家的个人创造力和相互协作性，为各种新颖的知识管理和服务成果的取得提供方便快捷的思想交互方式；另一方面，要利用良好的"对话"氛围，进行专家与专家、专家与用户之间的管理协商，对动态知识服务团队管理环境进行优化，对知识管理成果进行确认，使服务人员在一个良好的环境中工作。

4. 图书馆网络信息服务组织机构管理

任何管理都要以一定的组织机构来实施的，组织机构的管理是图书馆网络信息服务管理得以顺利实施的保证。一个组织结构是以明确区分开来的职责为基础的，责、权、利须一体化。职责只有在进行权限的相应委派之后才能确定下来，不能委派没有权限的职责。职责和权限是统一的，职责包括职位（职务）和责任这两方面。

只有职位而不能担负起责任或者只要求履行责任而不给其明确和相应的职位都是不对的。至于"利"当然是指利益，这里包括物质利益（报酬）以及各种优先和方便，不仅是个人的利益，还包括他负责的那个集体的利益。贯彻责、权、利三位一体的原则能调动人们的积极性,保证组织结构的正常运行,取得最大效益。

为了充分适应现代组织管理环境,很多网络信息服务组织采用多模式组织的管理模式。其中,第一种组织形态主要以职能为中心,类似于一般标准结构的、稳定的基础组织单元即岗位管理,主要运用于一般性日常管理活动中为动态知识服务团队提供管理支撑;第二种组织形态以任务为中心,是一种可及时变动、多任务、多功能的动态的知识服务团队,其成员来自第一种组织形态中或图书馆网络信息服务机构的外部,主要运用于关键性或集团性管理任务的运作,根据图书馆网络信息服务的需要重组机构。

制度管理也是机构管理的一部分。广义的网络信息服务的制度管理涉及网络安全、网络信息安全、资源版权的处理、文献传递规则、服务处理、解决问题责任等;狭义的管理制度即网络信息服务的内部操作规程,它包括组织的各种章程、条例、守则、规程、程序、标准等,制度管理就是指根据这些成文的规章制度,依靠组织职权进行的程式化管理。

网络信息服务的制度管理要以现有的法规为指导原则,并对业务细则进行规定:信息服务人员的设置方案、培训制度、工作流程、工作规范、服务承诺制、考评制度、服务评价、案例库建设规范、用户库建设规范、安全条例等。

(五)图书馆网络信息服务过程管理

服务过程的管理是对图书馆网络信息服务过程进行全程控制,以保证用户能顺利获取自己所要的网络信息服务产品,是服务得以顺利进行的保证。服务的过程管理包括服务前的用户需求分析,对硬件通信上的安全管理,使网络信息服务的通道顺畅,避免造成不必要的网络堵塞;服务过程中从用户端保证其与馆员之间的交流能够顺利进行;服务后的评估与跟踪服务管理等。对服务的过程管理是让服务人员与用户交流并为用户营造一个良好的环境而做的努力以及网络下对网络信息服务的一些延伸,如电话回访、网下面对面的交流等。在网络信息服务中,网络信息服务人员(馆员)的服务过程是一个不完全信息的动态博弈过程。服务人员怎么服务会影响到用户(群)如何获得和利用信息;反之,用户(群)如何获得、利用信息同样影响到信息服务的范围、设施、方式等,这是一个服务与被服务、管理与被管理的互动过程。我们应特别强调馆员在信息服务过程中的主导与导向性,还有交互性,即服务人员与对象的相互交流。

在网络信息服务过程中也要进行全面质量管理,以提高网络信息服务自身的品质。网络信息服务机构只有以用户的质量需求为驱动，提供优质高效、令用户信赖的服务，才能吸引用户，在激烈的竞争中获得成功。质量方针是网络信息服务机构总的质量宗旨和质量方向，它说明网络信息服务机构在确立质量方面所追求的目标以及为达到这个目标所遵循的方向和途径；质量文化是一种崇尚质量、追求卓越、尊重社会和用户的意识、道德和行为，培育质量文化就是要通过更加尊重人、激励人、教育人等手段来提高机构内全体成员的质量意识和综合素质，使质量不断提高。全体网络信息服务人员应确立共同的信息和价值观，自觉接受准则的规范和约束。依照质量价值观的指导进行自我调节、管理和控制，从而使机构的整体素质得到提升。

图书馆的宗旨是"读者第一，服务至上"，在网络信息服务过程管理中更需要遵循"用户至上"的原则，这不仅是对图书馆网络信息服务质量的评价，更是对服务工作的一种激励，一种目标追求。随着信息环境的网络化数字化，用户信息需求特点发生极大的变化，用户对信息商品和服务的要求越来越"苛刻"，呈现出多样化和个性化的要求。图书馆在网络信息服务过程中只有遵循"用户至上"，为用户创造价值，让"用户完全满意"才能赢得用户。

三、图书馆网络信息服务管理模式

网络信息服务及管理在图书馆一般由某个部门来承担，如信息服务部等。图书馆网络信息服务管理是图书馆整体管理的一个部分，但具体情况具体分析的辩证法则告诉我们，网络信息服务管理因自己的特性而决定其管理上的一些特点，那就是在管理的过程中要体现满足用户的个性化需求的要求。

（一）网络信息服务的线性管理

1. 网络信息服务的线性管理模式

图书馆网络信息服务的线性管理就是根据图书馆网络信息服务工作性质划分成若干线条，按每条线的工作流程进行管理。

以流程为线把图书馆网络信息服务各相关的要素连接起来，进而形成一种线性流程，相对应的管理方式我们称之为服务的线性管理模式，也称链式管理。图书馆网络信息服务线性管理是为了满足服务流程和服务发展的需要，适应网络信息服务的线性流程而产生的。它是以流程为中心，以用户为导向的，通过提高网络信息服务效率，减少不必要的环节，进而降低服务成本（时间和人力等）。网络信息服务类型的多样性在一定程度上决定了流程的多线性，因此在线性管理中要重视并控制，充分发挥团队的优势。

图书馆网络信息服务线性管理模式，把涉及服务过程中的信息供应商、合作者、服务人员、用户都纳入管理中来，图书馆网络信息服务的线性管理包括如下方面。

（1）服务的供应源管理

即分析在整个网络信息服务体系里的供应源并对其进行管理。网络信息服务的供应源是产品生产商（如数据库提供商）的集合，包括网络信息生产资料提供商，网络信息产品提供商等。图书馆网络信息服务供应源的管理就是在网络信息资源共享的实现、网络信息产品提供的建立和拓展、用户需求的实时调查方面积极寻找战略合作伙伴。

（2）服务的需求源管理

分析需求源不仅包括最终信息产品的消费者，还包括中间产品的需求者，即流程的下一个环节的需求。需求源要求网络信息服务个性化、及时性、准确性，要求与供应源之间有互动。

（3）服务的供求通道管理

供应源与需求源通过供求通道实现网络信息服务产品的供求。供求通道的建立解决了供求双方的问题，能够降低其交易成本并且在全国范围内网络信息服务业协同一体化得到体现。网络信息服务提供者之间、网络信息服务提供者与平台之间通过一种协商机制谋求双赢目标。网络信息服务平台管理强调图书馆信息服务提供者巩固和发展自己的核心竞争力和核心业务，与其他提供商建立战略合作关系。利用自己的资源优势，通过业务流程的快速重组，创造出比竞争对手更擅长的、高附加值关键业务，体现图书馆核心竞争力的价值。

2. 线性管理的形式

线性管理就是链式管理，有两种表现形式：一种是开链式，另一种是闭链式。

在开链管理模式中，整个管理过程按预定的业务流程进行，各构成要素之间缺少互动循环，用户虽然被纳入管理的体系中来，但在管理过程中与管理者、服务人员没有交流互动，对图书馆实现按需的网络信息服务并没有直接的影响，不能满足网络信息服务的按需发展的特点，不利于用户价值的实现。

在闭链式管理模式中，网络信息服务人员提供服务后，用户消化服务产品，产生新的信息（新的信息资源和反馈信息），返回给服务提供者，使网络信息服务处于一个良性循环中。在此管理模式中，用户对网络信息服务的管理也产生影响，但这种影响主要是一种管理决策上的影响，也不参与具体的管理过程。在这种闭链式管理模式中，由于用户与服务人员之间存在互相影响的关系，所以有利于图书馆提供按需的个性化服务。

（二）管理对象的网状管理模式

线性管理方式有先天存在的缺憾，就是如果在流程的某一环管理不当，将影响整个流程的顺利运行。在线性管理中，供应商和合作者、用户虽然说都被纳入管理中来，其本身并不参与管理，没有与图书馆信息服务内部管理产生一种互动的管理模式，相互之间联系也不是很紧密，是一种被动的管理。

在线性管理中，根据不同任务而形成不同团队及流程，而网状管理模式就是把整个组织看作一个相互联系、相互制约的网络结构，用户及供应商、合作者都是网络信息服务管理机构的一部分，由用户、供应商、合作者参与创造的知识和意见就变成了图书馆和用户、供应商、合作者所共有的财富。

网状管理是在点、线管理的基础上形成的，这是网络信息服务发展的要求。图书馆网络信息服务的一个新的方式就是协作咨询服务，由于信息需求和信息资源的多样性，要靠单个图书馆或个别咨询机构来做好信息咨询很困难，因此，各图书馆网络信息服务部门必须团结协作，遵循协作的整体发展计划和规则，按照标准化、规范化要求，利用新工具、新技术、新方式建立分布式协作网络咨询服务系统及管理。在分布式协作咨询的环境中，各成员节点感知其他成员节点的情况，各节点具有自己的问答系统和问答知识库，通过互联网进行成员间咨询合作。这种分布式计算机技术协同工作系统为图书馆网络信息服务协作咨询创造了很好的环境。

网状管理还可以加强网络信息服务的内部管理。现代网络信息服务机构内部及外部的管理和服务联系已不单单是传统的等级的、线性的、纵向为主的关系，而是形成了一张极其复杂同时也是脉络清晰的管理"蛛网"。在管理和服务联系上，"蛛网"管理突破了稳定结构的界限，组织结构点与点的关联在技术上得到组织信息基础结构的支撑，形成了特定管理和服务的"超级链点"的"Web 式组织形态"。这种知识联盟可以提高图书馆网络信息服务部门的学习和创新能力，可以将组织要素组合成动态的多任务的知识服务团队，可以扩展并形成新的知识产品和服务联盟。

网状管理还是为了加强网络信息服务外部管理的需要。理解用户需求的有效方法就是建立与用户的互动体系，在用户方和服务提供者之间提供了一个面向服务的管理接口，使用户也可参与自己在提供者一方相关服务的管理工作，并及时监视服务的执行情况、获取必要的信息。

1. 以资源为中心的管理模式

这是网络信息服务发展初期的一种管理模式，在对网络信息服务的管理中，一切以资源为中心。

2. 以项目为点的网状管理

该模式摆脱了传统图书馆网络信息服务结构化部门的禁锢，不受传统的垂直管理体制的约束，以项目为中心组建一个个临时的、可灵活变动的项目小组，即以承担的项目为分工，以特定任务为导向，随时灵活组织工作队伍，或兼职或专职。小组中的每个成员可以承担多个项目，构成蛛网状的工作关系，根据项目任务中心的转移和更替进行服务小组成员的实时重组和调配。这种组织结构能使各项目组的人员通过工作对比，发现自己业务的不足，主动提高自身素质，进而提高图书馆网络信息工作质量。这种组织结构打破了传统管理模式工作人员只关心本人的工作而忽视图书馆网络信息服务整体功能的弊端，所有网络信息服务人员都为图书馆网络信息服务的总体目标奋斗，每个人在多个项目中扮演不同的角色，承担不同的任务，不容易管理。实际上，正是这样，才发挥了每个人的最大潜能，每个人的知识得到最大限度的利用，确保各学科专业人员的专业知识得以充分发挥。服务人员之间也得到最广泛的信息沟通和交流，解决个人知识的有限性与服务需求的多样性之间的矛盾，从而使项目的完成最有效，图书馆的网络信息服务整体功能得到最好的体现。各成员工作的业务范围相互重叠，每个人对整个项目任务承担更多的责任，而不仅限于他们自己的那一小部分，由此产生较宽广的思路，有助于刺激创新。

（三）理想的管理模式——环境管理模式

在图书馆网络信息服务管理中，采用环境管理模式的目的是还原网络信息服务管理的现实本质。网络信息服务管理是社会大系统中的一个小的组成部分，把整个网络信息服务及过程可以看作是一个环境，或者说是一个场，是一个与外界发生各种关系的有机整体。因此，在管理中，我们可以模仿自然界的生态环境，把网络信息服务的各要素看作是维系一个"生态"环境平衡的重要组成部分，组织内部之间、服务人员与用户之间、服务人员与网络信息资源、用户与网络信息资源构成一个共同参与、互相交流、互相了解、共同合作、共同体验、以交流为主体的空间，这个空间可以是物理的（办公室）、虚拟的（虚拟空间交往），也可以是精神的（如共享的经验、思想）。这样可以实现图书馆网络信息服务组织机构的自我净化，不断地自适应外界对内部的压力，在系统内部形成一个动态的平衡。

在此阶段管理中，重视的是组织成员的自我管理与民主。这种管理模式能为网络信息服务各要素营造一个具有自我管理、创新、发展机能的生态环境，使整个图书馆网络信息服务管理系统实现一种自我净化，不断适应不断变化中的图书馆环境及其他外界环境变化的要求，实现图书馆网络信息服务管理和谐发展的目的。

第五章 新媒体环境下图书馆的服务创新

第一节 大数据时代图书馆服务变革与创新

大数据开启了一次重大的时代转型，正在改变着我们的生活及理解世界的方式，成为新发明和新服务的源泉。在信息指数级发展的大时代，变革数据思维显得尤为重要。"互联网+"的广泛应用，使得大数据如虎添翼，渗透到社会的各行各业，成为时代的主旋律。在此背景下，图书馆作为传统行业，机遇与挑战并存，只有顺势而为，让图书馆资源建设和用户服务插上"互联网+"的翅膀，漫步云端，才能在变革中求生存、图发展。

一、大数据与"互联网+"概述
（一）大数据及其特点

随着互联网、移动互联网、物联网的高速发展和移动通信技术的快速进步，人类的知识信息快速增长，大数据概念也应运而生。2011年5月，麦肯锡正式提出"大数据"概念，将其定义为无法在一定时间内用传统数据库软件工具对其内容进行采集、存储、管理和分析的数据集合。而大数据的4V特征，即Volume（数据体量巨大）、Variety（数据类型繁多）、Velocity（处理速度快）、Value（价值密度低）亦为业界认可。随着大数据的提出及对其认识的逐步加深，2012年以来，世界多国相继将大数据提升至国家战略，2015年8月31日，国务院印发《促进大数据发展行动纲要》，正式将大数据纳入我国国家战略，大数据在经济、社会、商业等方面的价值亦日益凸显。大数据时代，靠"概率说话，而不是板着'确凿无疑'的面孔"，我们必须作出改变，以大数据的战略眼光，重新审视这个世界及我们从事的行业，对行业数据进行深入挖掘与分析，作出更加有效的判断和决策。

（二）大数据与图书馆

图书馆作为人类文化信息的保存地，在保持传统服务模式的同时，很多图书馆亦十分重视信息技术的应用。长期以来，图书馆已进行着大数据的积累，如各种电子资源的积累及智能手机、移动图书馆、微信等的普及，给图书馆提供了海量数据，并呈快速上升趋势，云计算、RFID等新技术的应用和发展，为大数据提供了广泛的来源。大数据的兴起，无疑给图书馆传统服务带来了挑战与机遇。如何把握机遇，关键在理念更新，思维变革，服务创新，特别是"互联网＋"的广泛渗入。在变革与创新中求发展，成为当前图书馆面临的重要任务。近来，各高校及公共图书馆纷纷发布相关大数据，分析读者借阅行为，旨在以数据发声，全面合理配置资源，改进阅读体验，提升服务质量。

（三）"互联网＋图书馆"

互联网的出现是人类通信技术的一次革命，作为一种传媒，它改变了人类信息文化的传播与交流方式，一直以来虽无"互联网＋"之名，却有其实，如电子商务、互联网金融、在线影视等行业都是"互联网＋"的杰作。随着互联网技术在各行各业的逐渐渗透和广泛嵌入，在第五届移动互联网博览会上，于扬首次提出了"互联网＋"的理念。他认为，"今天这个世界上所有的传统和服务都应该被互联网改变"。"互联网＋"上升到国家战略层面，其对传统行业的影响日益深远。"互联网＋"即"互联网＋传统行业"，而"互联网＋图书馆"正是图书馆这一传统文献信息服务行业与互联网技术的深度融合，为图书馆服务带来了新的发展生态。

二、大数据时代"互联网＋图书馆"新服务

大数据与"互联网＋"，既是传统图书馆的机遇，也是挑战，正如国际图联主席多娜·席德尔所说，对传统图书馆而言，在互联网时代，无论怎么喜欢以前的服务方式，都必须作出改变。因此，图书馆人要变革思维，借助互联网技术，全面改进图书馆从资源到读者服务的模式，树立用户为中心的服务理念，创新服务方式，提升专业化精准服务水平。

（一）树立"以人为本"的全新服务理念

在"互联网＋图书馆"的新理念下，读者获取文献信息的途径多样化，不再局限于图书馆或数据库中，传统的服务方式必须变革，融入用户思维，实现从被动服务到主动服务观念与思维的转变，主动适应并锐意探索"以人为本"的服

务方法。一是利用互联网技术，借鉴 Amazon（亚马逊）利用数据提升销售量的做法，利用读者借阅和浏览历史数据进行有针对性的图书推送服务，激发阅读兴趣。二是采用 O2O 模式，实行线上借阅配送，有公共图书馆已开始尝试，高校图书馆可先在教师中试点，由学生助理馆员负责配送。三是升级学科馆员服务，主动融入学院教学科研，利用图书馆与互联网大数据，进行信息数据分析，为教学科研提供专业化服务。四是高校整合现有资源，建立畅通的知识服务渠道，为不同类型读者提供个性化的服务，做到全面专业，让每位读者满意是图书馆人的终极职业目标。

（二）建立以用户为导向的资源建设模式

大数据时代，图书馆要借助互联网技术，变革传统资源建设模式，在合理布局馆藏的基础上，树立用户观念，最大限度满足用户需求。各图书馆基本都已开通了线上线下读者荐购模式，电子书商如超星图书系统亦有荐购功能。对纸质图书的采购，在一般的读者荐购的基础上，亦可参照绍兴图书馆的做法，与书商、大型书店合作利用"图书馆 + 书店"模式，读者直接从书店选书，进入采购流程。对电子书而言，可采用"用户驱动采购"模式，图书馆提前预设条件，根据读者行为触发订购。同时，作为专业馆员，还要积极挖掘用户借阅信息，分析借阅行为，合理馆藏。如甘肃农业大学图书馆近年来通过综合平衡新旧学科分析馆藏资源总量和上几年入藏与借阅数据，参考读者荐购意见，确定下一年各类图书采进量，以平衡读者需求与馆藏的关系，取得了较好的效果。

（三）打造高素质创新管理服务团队

人才是决定图书馆服务的关键性因素，在"互联网 + 图书馆"的模式下，要进行服务体系的改革和创新，就必须培养创新型图书馆服务与管理人才。一要变革观念，让每一名馆员认识到在大数据时代下进行图书馆服务创新的重要意义。二要加大对现有馆员专业系统培训力度，使广大馆员掌握互联网新技能，能够适应"互联网 +"新环境的服务方式，并且在不断的实践中更新知识体系，全面提升职业精神和专业水平。图书馆及学校教师培训部门应创造外出系统培训学习的机会，营造和谐的发展环境，拓宽与同行交流的平台。三要引进相关人才，构建管理服务梯队，图书馆管理者要考虑专业或行业背景，保持适当的延续性。四要重视学术立馆工作，以科研促进专业理论水平和实践技能的提升，带动学术团队建设，打造一支数据素养与互联网专业技能过硬的队伍。

（四）加大基础投入实现跨界多元服务

大数据时代"互联网+图书馆"的发展，首先是技术设备的投入，要加大存储设备、服务器更新升级及相关技术设备的配套等，如采用RFID图书馆智能系统，实现图书的自动盘点、自助借还、区域定位、自动分拣等功能，有效改进图书管理方式，解放人力，提高工作效率，从而使馆员有精力与时间投入到其他专业技术服务中去。其次是空间环境的投入。"互联网+"的理念带来了"图书馆+"的概念产生，即图书馆跨界服务。未来的图书馆将变成集信息服务、学习、休闲与交流综合性服务机构，如教师项目研讨室、学生读书交流室以及"图书馆+咖啡""图书馆+书店""图书馆+制作室"等服务将在图书馆占有一席之地，只要用户有需求图书馆就应尽力满足，充分体现"以人为本"的服务理念。

（五）完善数字馆建设实现资源共享

数字图书馆是没有围墙的图书馆，是对传统图书馆的颠覆，随时随地，只要有网络的地方，就有图书馆，极大地便利了用户的阅读，使读者的碎片化时间利用率得以提高。目前，各馆通过自建、购买与共享等方式积累大量数字资源，而各种新媒体服务的推广应用，更使得数字阅读如虎添翼。正如阮可指出的，传统图书馆如果运用互联网思维，将馆藏资源进行数字化转化，把图书馆拓展成为海量的数字文化综合体，就有可能实现从静态到动态、从单向到互动、从平面到立体的转身。利用"互联网+"的机遇，整合一切资源满足读者需求，共享绿色发展之路。

（六）开展"数字记忆"存档挖掘服务

大数据时代，图书馆竞争在于数据总量及对数据挖掘和分析应用能力的竞争，因此，作为文献信息中心的图书馆，要重视挖掘整理潜在有价值的信息，并做好整理归档工作。图书馆应肩负起存档重任，重视大数据的积累、保存与整合利用。这是大数据时代赋予我们的机会与使命，图书馆人应该有所作为，行动起来，追寻职业价值。

第二节　新技术在图书馆服务中的应用

信息技术的快速发展极大地改变了用户获取信息的方式，也影响着包括图书馆在内的信息服务行业的发展趋势和服务模式。国际图联趋势报告对图书馆行业发展的总体预测，其中第一条就是关于技术的趋势预测，主要包括：网络是图书情报服务的主战场；数据是图书馆资源的基本类型；智慧图书馆成为新的建设目标。由此可见，新技术的出现和发展不可避免地给图书馆信息服务带来深刻影响。当前网络挖掘技术、Beacon 技术、AR 技术和 3D 打印技术的快速发展，也给图书馆服务带来根本变化。

一、网络挖掘技术的应用

在新的转型变革期，图书馆信息化、知识化服务的本质并没有发生根本性的变化，变化的只是服务的模式和路径，图书馆需要以网络化、数字化的方式渗透到满足用户信息化、知识化需求的方方面面，从而推动整个社会的文明化进程。网络是图书馆情报服务的主战场，完善基础设施建设、构建信息互联互通的传导机制、扩大信息交流面、提升服务效率是数字信息化时代图书馆创新服务的基础。数据是图书馆资源的基本类型，包括两层含义：一是电子数据成为图书馆知识化服务的主要载体内容，电子书、电子期刊、数据库在馆藏中的比例将呈现不断攀升的趋势；二是与用户相关联的数据同样是图书馆资源的重要组成部分，图书馆应该能够应用大数据、云数据、数据挖掘技术充分挖掘其价值，探索新的服务创新契机。在公共图书馆服务中的具体应用表现为三个方面：①构筑高速的信息服务网络，以图书馆门户网站和信息系统作为用户服务的主要平台；②以文献目录数据库为基础，建设知识服务数据库，统筹自有和共享数字资源，提升知识服务能力；③以原来的读者数据库为基础，挖掘用户阅读偏好和使用习惯，形成读者大数据，一方面便于图书馆开展资源建设，另一方面利于图书馆进行用户精准服务，提高信息服务水平。

二、Beacon 技术的应用

Beacon 是一种无线技术，它能够向设备发送信息，通常用于定位设备或人员的位置。

Beacon 采用的是低功耗蓝牙技术（BLE），可以将微小的信息包发送到接收器，例如智能手机或其他设备，以设备或人员的位置或提供上下文信息。这种技术在许多行业中得到广泛应用，如零售、旅游、物流、医疗保健和娱乐等领域。Beacon 可以通过无线电信号覆盖广泛的区域，从而帮助公司和组织实现更高效的管理。

在零售行业中，Beacon 可以向顾客发送个性化的推广信息，通过它可以查找顾客的位置、购买历史和习惯等信息，有助于零售商了解客户需求，更好地满足消费者的需求。在旅游业中，Beacon 可以为游客提供定位服务、地图导航服务和景点介绍等服务，提高游客的旅游体验。在物流业中，Beacon 可以帮助定位包裹的位置，提高物流的效率。在医疗保健领域，Beacon 可以帮助医护人员追踪和查找药品或设备的位置，或者实时监测病人的健康状况，提高医疗保健服务的质量。

智慧图书馆预示着图书馆信息知识服务的智能化发展，智能化、智能型将是图书馆转型发展的核心任务，而基于位置的服务（Location Based Services，LBS）则是智能图书馆建设的基础。LBS 通常包括两个步骤：一是图书馆利用智能定位技术精准地确定移动终端设备或用户所处的地理位置，提取用户相应的需求信息；二是图书馆依据所提取的用户需求信息为其提供个性化的服务。由此可见，LBS 的顺利实施通常需要以下条件：①移动终端设备的普及和移动网络的全覆盖；②基于用户地理大数据的挖掘和服务创新。Beacon 技术则是 LBS 地理位置服务实现的有效技术，其通过配置的低功耗蓝牙（BLE）通信功能的设置使用 BLE 技术向周围发送自己特有的 ID，接收到该 ID 的应用软件会根据该 ID 采取一些行动，可用于室内定位、馆内导航、个性化位置推送等。Beacon 技术应用于图书馆服务带来的显著变化就是可以实现读者基于地理位置的个性化信息服务。例如，根据读者所在的空间进行智能化检索和推荐、进行定制化信息推送、联系附近的馆员寻求帮助等。

三、AR 技术的应用

随着计算机图形图像技术和空间定位技术的发展，以及部分移动终端上全球定位系统、重力加速计和电子罗盘等功能模块的实现，增强现实（Augmented Reality，AR）技术日渐成熟，应用场景和领域也越来越广泛，随着将 AR 加持到用户移动终端已成为现实，图书馆能利用 AR 技术开展用户阅读和使用体验，让用户对图书馆空间和资源都有更直观的了解，这是互联网背景下图书馆强调用户体验、注重用户服务的典型案例。具体而言，AR 技术可前期应用在图书馆阅读体验、图书推荐和体验游戏三项工作中。① AR 图书最大的特点就是场景的真实性，流动的河流、立体的房屋、逼真的人物，将抽象的实物生动展示，把枯燥的知识变得生动而有趣。AR 图书可以放在图书馆展示厅，一方面充分展示图书馆引用前沿科技的态度,另一方面也有效地激发读者的好奇心,提升用户的阅读体验。② AR 技术可以支持用户实时地查阅阅读评论,用户扫描该书时,他就能查看前面读者的阅读心得和评论,随着越来越多评论的产生,用户就能更全面地了解此书,这种用户之间隐性知识的交流有助于读者产生更多创造性的理解和知识。③游戏服务已经得到了越来越多图书馆人的关注,而 AR 技术则能让图书馆的游戏服务更加生动和逼真,通过游戏让读者了解图书馆、关注相关资源并接受信息素养培训。

四、3D 打印技术的应用

近年来 3D 打印技术作为新工业革命的代表技术得到了飞速发展,被广泛应用于多个领域。3D 打印技术有效地支持了创意的可视化,通过原型制作助力技术创新,而在教育领域,由于 3D 技术支持用户自主创意和创新,在创新意识和技能培训中备受欢迎,创客教育已将 3D 打印技术列为基础支持技术。随着全社会对创新的推崇,包括图书馆在内的知识服务机构也越来越多地开展或从事创客教育,越来越多的国内外图书馆均建设了创客空间,推动创客教育,引导和鼓励用户开展创新。具体而言,一方面,图书馆可建立专门的创新创意工坊,让读者通过 3D 打印机等设备将自己的创新创意想法变成可视化实物,逐步帮助学习者培养以解决问题为导向的创新思维模式;另一方面,图书馆可借助 3D 打印技术,方便馆员和图书馆志愿者开展图书馆服务设计、空间再造等工作,充分挖掘隐藏在个体中的隐性知识、促进隐性知识的社会化与显性化,从而让图书馆更有力地承担起知识服务的责任与使命。

科技是第一生产力,信息技术的迅猛发展推动着经济革新、文化革新、教育革新的进程。科学与信息技术的飞速发展极大地改变着公共图书馆服务的外部环境,重塑着公共图书馆新的服务发展趋势。阮冈纳赞的"图书馆学五定律"告诉我们,图书馆是一个生长着的有机体,这就意味着,公共图书馆只有能动地随着外界环境的不断变化,灵活调整、转变其固有的结构形态、服务模式,积极应对先进科学技术为其带来的挑战,才能真正成为不断成长的有机体。公共图书馆在关注这些技术发展的最新趋势时,必须明确技术是一种手段、一种工具,技术只有在与具体解决方案、服务内容相结合时,才能真正地发挥其效用。因此,图书馆在服务创新的过程中,需要将这些技术灵活运用于具体服务实践中,提升服务效率,拓展服务领域,丰富服务内容,优化服务体验,强化服务效能,确保图书馆对所有用户深层次需求的满足。

第三节 图书馆服务创新动力机制

动力是推动事物运动变化的因素,多种动力因素关系的组合就形成了某一事物运动发展的动力机制。所谓图书馆服务创新动力机制是指在图书馆服务过程中,以提高图书馆核心服务能力为中心,以满足用户信息需求与现实问题的解决为目标,通过重组图书馆服务创新动力因素而形成的一种推动图书馆服务质量与服务效率持续不断提高的内外因素的有机组合形式。

只有解决了动力机制问题,图书馆才可能积极培育自身的服务创新能力,才可能认真解决好运行中的一系列问题。因此,研究和建立我国图书馆服务创新的动力机制至关重要。

一、服务创新动力机制的理论研究

(一)服务创新的基本动力理论

在技术创新领域,对于技术创新的动力已经有很深入的研究,比较重要的驱动力包括技术推动力、需求拉动力、政府行为推动力、企业家创新偏好等。然而,技术创新学说一般只强调某一种驱动力的作用,而对于其他的驱动力却有所偏废。在服务创新的现有研究中,人们发现服务创新的不同动力之间存在交互作用。服务企业的创新实际上是四处发生的,有关新产品和服务改进的创意和新知识更多地可以来自研发部门以外的其他员工、顾客甚至是竞争对手。欧盟社会经济研究规划资助的欧洲服务业创新系统研究项目在服务创新动力方面做了大量研究。

目前,服务创新的发展趋势呈现出战略导向性和系统性特征。系统论原理指出,任何系统的良好运行和发展演进都必须获得足够的动力和科学的动力机制。图书馆服务创新首先要明确其动力和动力机制问题。

(二)图书馆服务创新的动力理论

图书馆服务创新动力主要表现在两个方面,即内源动力与外源动力。内源动力是一种自发的内在力量,存在于图书馆系统内部,产生于图书馆参与市场竞争和进行自我发展的内在需要,以及图书馆对服务创新工作社会、经济利益最大化的追求。具体来说,图书馆服务创新的内源动力是指图书馆服务在新技术的作用下，产生更高质量的服务创新理论、服务创新内容、服务创新模式等，使图书馆的发展优势更加明显。

外源动力是指图书馆建设和发展所赖以生存的外部环境对图书馆的作用力，主要来源于图书馆与社会需求的交互过程中，即政府有意识地对文化产业的规划和行为。社会需求和政府行为是影响图书馆外部竞争优势的重要因素，还有社会经济的发展、文化进步等因素，它们衍生出的社会关系，形成了图书馆服务创新的外源动力。

（三）图书馆服务创新的动力机制类型

1. 服务利益驱动机制

人的行为动力来源于个体满足"自我"和社会的利益，没有某种利益就不会产生某种行为。图书馆服务创新利益是通过服务创新行为所能够获得的各方面的满足。包括图书馆通过服务创新给社会带来的公共利益和社会对图书馆的利益回报。服务利益的大小具有诱导和进一步激励图书馆从事服务创新工作的双重功能。只有当服务创新能给图书馆和社会带来实实在在的好处时，图书馆才有足够的动力去进行服务创新。这是图书馆服务创新的根本动力。

2. 社会需要拉动机制

建立在网络基础上的图书馆信息服务，由于其软硬件系统、服务模式与服务手段、服务资源等更是与计算机网络技术密切相关，服务创新所涉及的因素更多、更复杂，因此技术进步的作用机理和作用程度也更加独特。

（四）政府支持促进机制

欧洲的一些研究项目发现，政府的一个重要角色就是服务创新的触发器。这个角色非常重要，它可能直接促进某种创新（通过R&D资助等），也可能导致新规则的产生。这两种因素都可能是服务创新的动因。由于图书馆服务效益显现的长期性，决定了短时期内无法直接观察到图书馆服务在经济社会发展中发挥的作用，因而在文化建设中往往被忽视。政府的介入可以运用公共财政来保障公共文化服务，也就是保障了人民群众对公共文化产品的需求，从而促进图书馆服务创新快速发展。这就是政府支持的促进机制。

上述四种动力机制不是相互孤立、独自发挥作用的，相反，它们之间是相互依存、紧密联系的。只有当几种机制相互配合、共同发挥作用时，对图书馆服务创新的巨大推动作用才能清楚显现出来。此外，动力机制不是自生、自发的，需要一个不断培育和优化的过程。在这一过程中，政府责无旁贷。图书馆则应该从塑造共同愿景、追求长远目标、担负社会责任等方面去培育相应的动力机制。

二、图书馆服务创新的对策分析

随着科学技术的发展和信息载体两个要素对促进图书馆发展作用的日益突出，图书馆工作的重心已经由原来的追求藏书数量转移到服务质量上，服务质量提高的关键是图书馆的服务创新能力。作为信息服务业发展核心源泉的服务创新已经成为图书馆界关注的焦点。然而任何一项事物在其发生、发展、壮大的过程中都会遇到各种阻力。服务宣传力度不够、服务内容单一、用户满意度低等都困扰着服务创新的开展。针对这些问题，根据图书馆服务创新动力机制的要求，可以从以下几个方面寻求突破。

（一）通过市场细化，奠定图书馆服务创新的市场基础

现代服务业发展，首先取决于市场需求的驱动。图书馆要注意分析现有的信息服务环境，寻找与本馆的任务、目标、资源条件等相一致的细分市场，及时进行市场营销研究和信息收集、市场测量和市场预测工作，要在制定图书馆服务创新规划、树立图书馆服务创新理念、选择服务创新模式等各个方面下功夫。充分利用图书馆信息资源的特有优势，并通过馆内机构改革和业务重组，积极开发个性化服务、集成化服务和特色化服务等新型服务项目。加快培育和拓展信息市场，以最大限度地实现图书馆的根本目的，提高自己的服务竞争力。

（二）通过现代技术运用，形成图书馆服务创新的技术基础

图书馆的发展是与信息技术密切相关的，信息技术不仅决定着社会信息量的大小和信息载体的物理形态，而且决定图书馆进行信息加工和开展服务所能采取的方式。对图书馆来说，当前的主要任务是及时引入新技术。最为关键的技术是数字图书馆技术，它是信息技术在图书馆应用的集中体现。依托图书馆现有的信息平台资源、网络资源以及信息服务技术的应用基础，充分利用资源数字化技术、超大规模数据库技术、多媒体信息技术、数据压缩技术、存储技术、迁移技术、安全技术、数据仓库技术、挖掘技术、自然语言检索技术、网络传输技术等现代数字技术，为图书馆提供一体化的信息服务创新解决方案，逐步将图书馆公共信息平台打造成与国际接轨的信息服务引擎和枢纽。

（三）通过合作共享，优化图书馆服务创新的资源基础

一是我国图书馆界要做好集约经营、系统调控，充分利用各馆在服务、技术、产品、市场上的优势，建立以效率为核心的共享合作机制，从而发挥聚集优势、

竞争优势和规模优势，全面提升图书馆服务水平。二是加强与世界各国图书馆在信息服务方面的合作，把各级各类图书馆打造成国际信息服务平台上的一个节点。三是开展与相关信息服务商的跨界合作。这种合作就是考虑与各搜索引擎的跨界合作，让用户能够直接获取网站中的知识性、学术性内容而不局限搜索引擎的表层链接。这种跨区域跨界的合作共享将成为图书馆服务创新的新内容和新推动力。借助网络信息技术，图书馆和信息机构及组织之间的业务关系日趋融合，为在合作中促进服务的创新和质量的提高奠定坚实的信息资源基础。

（四）通过网络化架构，培育图书馆服务创新的组织基础

一是加大图书馆培育和引进外部人才的力度，并制定相应的措施，如建立人才分享技术开发成果的奖励制度、提供必要的国内外培训机会等留住人才。二是培养和造就有服务创新能力的图书馆管理者。图书馆服务创新的创造性、不确定性决定了其管理本质上是一种非程序化的决策。这就要求作为图书馆信息服务主体管理者的图书馆长必须有眼光，有胆略，有管理能力，善于运用和组织社会资源，实现服务创新要素的有效配置。三是充分发挥各级图书馆协会的协调、组织、服务、监督等方面的作用，注重协调发展，完善现代图书馆的社会化网络关系，通过组织行业性活动提高图书馆服务创新的整体水平和竞争能力。

（五）强化图书馆服务创新发展过程中政府的作用

政府在图书馆事业发展中的重要作用就是制定保障图书馆事业发展的完善的图书馆法律，制定并实施科学、合理的产业政策，更好地引导图书馆的外源动力机制与内源动力机制相配合。在制定推动图书馆事业发展相关政策的过程中，要认真进行行业诊断和政策评价，辨识图书馆服务中的优势和不足，研究图书馆发展的动力机制及作用规律。要建立科学的政策评价体系，根据评价结果针对图书馆发展中的不足进行调整、补充和完善。从政府的政绩观和满足人民群众基本文化需要的紧迫性出发，政府主导下的图书馆服务创新一般都会以一种非常快的速度推进，在较短的时间内达到一定的规模、质量。

图书馆服务创新不是盲目的改革和变动，而是有深刻的实践动因，必须以相关理论为指导，有的放矢地讲创新，才能使图书馆服务创新更科学、合理，更能体现其实用价值。

第四节　图书馆空间再造创新服务

随着时代的变革与发展，图书馆服务模式从单一走向多元已成为历史发展的一种必然趋势。如何在新时代中更好地发挥图书馆的服务功能，凸显图书馆的社会地位，服务更多的人群，提高图书馆的核心竞争力，图书馆空间再造是一个可探究的方面。目前，已有不少图书馆在进行这方面的尝试，从最初的信息共享空间（IC）扩展为学习共享空间（LC）、研究共享空间（RC），现在又扩展为创客空间，图书馆的空间再造运动从很多方面重新定义了图书馆。

一、图书馆空间创意化

美国是公共图书馆中最早开设"创客空间"的。2011年费耶特维尔图书馆建立了"奇妙实验室"，将用户通过各种活动组织起来，激发他们的想象力与创造力，让他们在同一空间"头脑风暴"，同时提升了用户的参与度。随着图书馆与"创客空间"的社会价值日趋统一，图书馆成为"创客空间"的理想平台，"创客空间"逐渐在美国图书馆界兴起。为了拓展自身的业务范围，位于美国俄亥俄州克利夫兰市的克利夫兰图书馆成立了创新型技术与学习中心且成为"创客空间"的典型范例。该空间改变了原有图书馆的空间规划，将开放区域变成创客空间并进行了功能规划，其面向发明者、手工制作者、艺术家以及青少年、大学生等群体，提供信息技术中心（IT Centre）、新科技基地（New Tech Base）、学习服务台（Learning Services Desk）、智造工作坊（Intelligence Workshop）、创客线下小聚（Maker Meeting）、创想马拉松（Idea Marathon）、青少年创意中心（Young People Creativity Centre）七类服务。创客空间的开放使得克利夫兰图书馆的利用率大大提高，图书馆和图书馆员真正融合到了人们的学习、工作、研究中去，成为知识交互网络上不可或缺的重要节点。

从传统意义上讲，图书馆是读者获得文献与信息的地方，但图书馆不仅仅是人们获取信息的场所，也是一个公共空间场所，可以满足人们获取知识、信息的同时，将其转化为社会可创造价值，因为人们可以在此交流、创建新的关系，甚至激发新的灵感，从而创造更多的社会资本。简言之，图书馆空间创意化，不仅能让人们从中获得信息资源，更能感受文化的场所氛围，体验一种新兴的生活方式，从而让人们爱上图书馆，使图书馆成为人民生活中一个必需的场所。

二、图书馆空间再造机制与策略

现代法国思想大师列斐伏尔认为空间作为一种社会关系，不仅被其支持，也生产和被其生产，且当空间被定义为一种使用价值时，社会的转变就已预设了空间的拥有与集体管理。参照此理论的阐释，通过对公共图书馆物理空间的去中心化，以及对数字图书馆时代虚拟服务空间的单一化等现象与问题的揭示，使有关公共图书馆空间再造的思考与探讨成为一种可能性，乃至必要。

（一）虚拟空间与实体空间相结合

依据现在科技发展的趋势，图书馆界也提出了"图书馆泛在化"的理念，其最明显的特征是不受空间的约束，服务无所不在。因此，图书馆为用户提供的服务项目和服务手段乃至服务场所在不断拓展。如无线上网的自由空间、智能互联的泛在阅览、24小时的自助借阅、智能载体的现场体验、数字媒体的融合平台、大屏触控的信息幕墙等。图书馆可以通过虚拟的网络化的方式随时随地为用户提供服务。在"互联网+"、云媒体下，图书馆之间的合作也不再有地域之分，源建设和服务都是可以共享的，用户可能在不知不觉中就享受到了图书馆的数字文献保障服务。

现在的读者到图书馆已经不仅仅为了借书、看书而来，他们可能只是想利用一下图书馆的无线网或做一些智能体验等，这些都体现了图书馆的价值，成为吸引用户来利用图书馆的一个理由。

（二）分众细化，开设个性化的交流空间

作为一种现代网络环境下的新型图书馆服务机构，图书馆可以设置家庭作业区、学前儿童托儿所、不同类别的教育和职业培训课程，打造各类用户需求的个性化场所。例如，伦敦的"概念店"，它不仅强化了社会教育这一主要目标、主要职能，还根据不同人的不同需求细化服务模式，利用图书馆这一拥有大量的信息资源、教育设施和舒适环境的理想场所为民众提供不同的服务。由此可以延伸出更多的个性化交流空间，如老年人阅览区、少儿体验区、数字化服务区等。另外，近几年渐渐普及并有所延伸的共享空间，为读者提供场地、网络及工具，让兴趣相投的读者聚到一起，激发其创意设计的灵感，读者也可以将各种创意工具带到图书馆进行交流、切磋。美国费城的天普大学图书馆新馆设计改变了以往图

书馆仅是书本和文献存放地的传统观念，设计了更多的用户交流思想的社交空间即用户可以一起交流合作、知识分享的多样化空间。

无论是新馆空间设计或是旧馆空间改造，要建造成新型图书馆，都应该是利用现代化的科学技术条件，分众细化服务模式，以人为本，为读者提供更加人性化的服务。

（三）体验互动，引入 VR 技术拓展现实空间

体验互动理念与第三空间理念是相互联系的，是在"互联网+"的新环境下产生的一种新的认知，需要一定的技术作为支持。新技术不仅让图书馆在服务内容和服务方式上有革命性变化，也加深了用户的参与程度，而互动空间更是强调一种图书馆与用户的交流，图书馆不仅给用户提供信息，还可以从用户那里实时得到信息反馈。

体验互动空间不仅可以让用户有舒适感、归属感，还可以自由、平等地提供各类新科技体验。图书馆不仅能提供现实空间中的讲座、展览、研讨、竞赛、共同阅读、自助服务、志愿服务等的体验互动，还可以提供网络空间的数字冲浪、微信接力、粉丝点评、远程咨询、个性推送、视频欣赏、图像传递、网络直播、多屏融合等的体验互动。

近年来，虚拟现实技术与各种现有的多媒体技术进行有机结合，发展迅速。基于网络环境的虚拟现实图书馆是虚拟图书馆的延伸，作为新技术在图书馆应用后形成的新形态，延伸了图书馆网络服务，拓展了图书馆的现实空间，是图书馆虚拟信息资源馆藏建设的组成部分。美国得克萨斯州 A&M 大学已经建立了基于虚拟现实的引导和查询系统。VR 技术等通过有机组合形成了虚拟现实图书馆特有的三维可视化实时控制的最终结果，可用于图书馆管理、图书馆第二课堂教育、图书馆学科馆员制度等方面。

三、图书馆新空间未来可发展的趋势与思考

未来图书馆服务将从单一借阅空间向交流分享空间转变，从产品思维向用户思维转变，从被动服务模式向主动服务模式转变。未来，用户来到图书馆，不仅因为它是一个场所，更重要的是因为图书馆为他们提供了一个既可以阅读又可以与人分享、交流的场景，以及场景中自己浸润的情感，用户的需求大多也都将来自于场景。因此，如何为用户提供需求的场景将成为图书馆未来空间规划的侧重点。

(一)图书馆空间再造变化趋势

1. 更加注重人的需求

未来图书馆将更加注重人的需求,从过去为藏书、设备及其相应设施而设计向为人、社区及其交流创新而设计的方向发展。图书馆的空间再造要以人为本,将服务定为立馆之本。图书馆融入社区也是一个趋势,图书馆与社区资源相融合,促进社区的知识分享、情感交流,激发社区的活力,说到底最根本还是在图书馆所在的辖区内为更多人提供服务。被提名"世界最佳公共图书馆奖"的丹麦Dokkl 图书馆,其创新在于馆舍设计与周围环境相融合,其户外游乐场延展了实际的馆舍空间,将传统的图书馆融入社区人民生活。另外,灵活的内部空间可以根据个人研究和团队工作的特点自由转换,使得图书馆功能得到延伸。这些都值得国内图书馆借鉴。

2. 更加关注技术与服务的有机融合

纸质图书馆的原始形态是古代的"藏书楼","藏书楼"仅仅是建筑学概念上的"馆舍",主要功能体现在以藏为主,和公众见面的概率很低,强调的是图书馆的典藏与记忆功能。现代图书馆的功能从储藏、流通到发布等均有质的飞跃,最为突出的是典藏与信息的传播功能得到了重大的提升,强调的是公众阅读获取信息资源的次数和信息在使用过程中的价值增值。"互联网+"新技术的出现更加强调的是被广大读者最有效地利用信息,如VR技术充分调动了人机互动、可视化操作中人的主导作用和兴趣,发掘人主动思维的潜能。Web 3D技术的应用可模拟出虚拟场景,只要有互联网,人们可不受时空限制,体验到像在真正场景中游览一样,查看周围的环境信息。再者,通过VR技术等现实科技让中华古籍能够化藏为用,产生更大范围的影响。

因此,在"互联网+"背景下,依托新媒体等新技术,提供各种学习空间,让民众享受更多的文化便利,方便民众自主学习是未来图书馆空间再造的一个重要立足点。就技术发展而言,从基础的数字图书馆,到APP自媒体平台,再到MOOC线上教育等学习平台,技术手段的革新也催化了图书馆空间的变革,图书馆最终成为一个独特的文化频道与学习交流平台。

3. 更加注重图书馆的可获取性和可接近性

图书馆的建设应该放到大的社会背景下,作为城市基础设施的一部分。这样图书馆的活动空间会大很多,相应的职责也随之变化,不会像以前藏书楼时代,只有保存、收藏功能。因此,图书馆必须转型,要为每一个市民和每一个组织提供城市发展所需要的知识和信息，并且激发市民的创造力，为城市经济发展增添动力。如芬兰赫尔辛基市图书馆的"城市办公室"的成功设立，为赫尔辛基市图书馆新馆建设做了很好的实验。该新馆计划呈现为大空间格局，区域之间流线通畅，馆内设有音乐制作室、创客空间、游戏角、研讨室、联合办公空间等，其理念是让读者在体验和制作中学习，使广大民众投身其中创造出更高的社会价值，并为推动城市的经济发展作出贡献，体现出城市的活力与多样性。

（二）几点思考

对图书馆的转型和再造，国内不少图书馆已经在进行尝试与探索，但还没有在图书馆界形成普遍共识。如何为用户提供思想交流、激发创意、支持创新的空间是当前及未来支持社会创新系统优化和公共服务建设任务中的题中之义。

1. 搭建多元化学习平台

从阅读学习场所提升为社会学习平台是图书馆的服务转型中很重要的一步，未来图书馆的发展应体现出更大的社会包容性，在包容性服务上创新发展，例如开设各类职业培训公益讲座等各类开创性服务。有研究调查表明，接受过图书馆信息素养教育的学生在学习能力上超过未接受该课程的学生；经常利用图书馆服务的学生优于不利用图书馆服务的学生；信息素养教育有利于提升学生查询能力和解决问题的能力。由此可见，为众多用户提供多元化的学习平台是图书馆空间再造可挖掘的重要改造方向，亦是图书馆在提供创新服务方面值得思考和探索的。

2. 服务和管理模式的转变

图书馆建筑要适应当代社会变革的需要，重心由收藏书籍变为交流与分享。《建设明天的图书馆》一书中说：图书馆建筑设计的一个国际化趋势是从为藏书、设备和相关物理设施而设计转移为向更加注重为人、社群效应、经验和创新而设计。在这种趋势下，图书馆不仅仅是为读者提供阅读和自修的场所，更多的是提供人际交流和知识创造的空间。图书馆建筑要顺应这一变化趋势，图书馆的服务和管理模式也要跟着发生转变。评价一个图书馆的绩效应该不再是以借阅量指标为主，推广活动、数字阅读、数字咨询等也应与之并列。

空间再造对图书馆来讲是一场革命，就是要对原来的信息组织、管理方式、服务方式和流程进行反思和再造，这是图书馆界面临的一个重要问题。空间再造是一个艰难的过程，也没有一个成熟的套路可走，但首先应该考虑的是如何打破原有的思维模式，转变服务理念和管理模式。

3. 资源整合，提高服务效能

"互联网+"和大数据的时代，每天都会产生大量的数据信息，如图书馆系统内本身的数据资源及读者产生的信息资源等，可以说资源无处不在。如何将这些资源进行整合，从而提高图书馆的服务效能是值得思考的。资源整合即充分利用图书馆自身的资源同时注重开发新的资源并将两者有机结合。图书馆的空间再造就是将馆内资源与馆外资源整合、交换，实现共建共享的过程。馆内资源整合包括图书馆项目、活动的策划，信息资源的共享以及内部管理的整合等。开发新资源主要是积极主动引进外部的资源并整合，以解决图书馆空间再造与服务拓展中的经费、人员、活动创意与策划等问题。如深圳图书馆在空间再造时，主动引进政府机构、文化团体、专业协会、公益组织和文化志愿者等方面的力量，在丰富新空间服务内容与手段的同时，也为各相关各方提供了宣传场所和服务市民的机会，达到了互利双赢的效果。

参考文献

[1] 蓝开强.现代图书馆管理创新实践[M].吉林：吉林出版集团股份有限公司，2020.

[2] 刘芳芳，赵晓丹.图书馆管理与开发利用研究[M].天津：天津科学技术出版社，2020.

[3] 刘春节.现代图书馆管理创新研究[M].北京：中国财富出版社，2020.

[4] 凌霄娥.图书馆管理艺术与信息化应用研究[M].西安：西北工业大学出版社，2020.

[5] 宫磊.高校图书馆管理与服务创新研究[M].长春：吉林大学出版社，2020.

[6] 张钧作.图书馆人力资源管理[M].北京：中国商业出版社，2020.

[7] 骆卫东.图书馆工程建设与管理[M].上海：上海交通大学出版社，2020.

[8] 乔红丽.图书馆信息管理与多元化发展研究[M].长春：吉林大学出版社，2020.

[9] 高莉.图书馆管理与档案资源建设[M].长春：吉林人民出版社，2021.

[10] 谷慧宇.图书馆管理的创新方法研究[M].延吉：延边大学出版社，2021.

[11] 赵春辉.数字图书馆管理与服务创新研究[M].长春：吉林文史出版社，2017.

[12] 卢家利.21世纪美国高校图书馆管理与服务[M].桂林：漓江出版社，2017.

[13] 夏春红，于刚，印重.现代图书馆资源管理与推广服务[M].北京：北京理工大学出版社，2017.

[14] 李珍连.新媒体时代图书馆管理与服务研究[M].吉林：吉林出版集团股份有限公司，2017.

[15] 李敏琴，夏丹，付冬梅.高校图书馆管理与服务探究实践[M].长春：吉

林大学出版社，2017.

[16]纪双龙,王影,郑杨.高校图书馆管理服务与现代信息资源建设[M].吉林:吉林出版集团股份有限公司，2017.

[17]王宁,吕新红,哈森.图书馆管理与阅读服务[M].北京:光明日报出版社，2017.

[18]刘乐乐,杜丽杰,张文锡.图书馆管理与服务[M].长春:吉林人民出版社，2018.

[19]卢家利.美国公共图书馆管理与服务[M].北京:中国商务出版社，2018.

[20]谭晓君.图书馆管理与服务创新研究[M].天津:天津科学技术出版社，2018.

[21]霍瑞娟.基层图书馆管理与服务[M].北京:北京师范大学出版社，2018.

[22]林强,崔世锋,轩红.信息化背景下图书馆管理与服务的创新研究[M].上海:上海交通大学出版社，2018.

[23]杨秀臻.图书馆知识管理与服务研究[M].天津:天津科学技术出版社，2018.

[24]王会梅.图书馆管理与服务研究[M].北京:现代出版社，2019.

[25]孙桂梅,刘惠兰,王显运.图书馆管理与服务创新研究[M].北京:现代出版社，2019.

[26]任杏莉.图书馆管理与服务创新研究[M].长春:吉林科学技术出版社，2019.

[27]董伟.新媒体时代图书馆管理与服务研究[M].长春:吉林人民出版社，2019.

[28]王祎.现代公共图书馆管理与服务[M].沈阳:沈阳出版社，2019.

[29]李科萱.图书馆管理与信息服务[M].北京:光明日报出版社，2019.

[30]马利华.图书馆信息管理与服务研究[M].延吉:延边大学出版社，2019.